折れない子どもを育てる

今の時代にこそ
木下式
音感教育法

木下式音感教育法認定講師
木下麻奈

早川書房

折れない子どもを育てる

――今の時代にこそ木下式音感教育法

目次

はじめに　木下式音感教育法が目指すもの

私はこれまで二十五年にわたって、父が考案した木下式音感教育法を通し、大勢の子どもたちと関わってきました。

私が「幼児に音楽を教えている」というと、子どもと楽しく歌うやさしい先生のイメージを持つ人が多いのですが、幼児期の限られた時間で、音感というすばらしい能力を身につけさせるために、日々、子どもたちと真剣勝負を繰り広げています。

昔は、「音楽の専門家の門を叩くのは六歳になってから」というのが一般的で、それまでに家庭で物事を習うためのしつけをしたものでした。ですが、木下式は二～三歳から訓練を開始するため、しつけにまで踏みこむのです。

はじめのレッスンはよい子でも、二回、三回とレッスンを重ねると、「やりたくない」「もっとお母さんといっしょにいたい」と泣きごとを言う幼児もいます。このとき、たいていのお母さんは「こんなに嫌がるのはレッスンが厳しすぎるから」「わが子には音楽が向いていない」と不安になるものです。

そんなとき、私が必ずお話することがあります。「お母さんは、七十歳になったときに、仕事もせず収入もない子どもの面倒を見つづける経済力と心の準備はありますか？」、と。

たいていのお母さんは、私が悪い冗談でも言っていると思うのか、とても驚いた表情をされます。ですが、仕事に出かけるお父さんも、家事をこなすお母さんも、好きなことだけをして暮らしているわけではありません。子どものうちに、勉強やお稽古事《けいこごと》などで責任を果たすことを教えておかなければ、大人になっても、一生懸命、取り組む習慣は身につきません。三歳に身についた悪い習慣は、成人しても一生、続く可能性がある。この重みに気づいたお母さんは、「お稽古の時間だから、がんばってきなさい」とわが子を送りだせるようになるのです。

大人が懇切丁寧に手をかけて、高度な音楽能力を身につけさせる木下式の成果は、立派になった生徒たちによって証明されてきました。その一方で、社会では子どもを救えない大人によって、自立できない子どもがどんどん増えて、危機感を感じています。

子どもと関わるひとりでも多くの方に、木下式を通した子どもの導き方、大人としての心構えを知ってほしいと思います。

1　すべてはこの子からはじまった

音感教育に従事する私が、子育てについて若いお母さんの悩みに耳を傾けるようになったのは、二歳から教えた少女と生活を共にしたことがきっかけでした。

少女は幼いころからお母さんが手元で大切に育て、本の読み聞かせやカードを使った教育など手間を惜しまずに与え、お父さんは一生懸命働いて、休みには親子いっしょに楽しい時間を過ごす――。そんな幸せな家庭で育ちました。

楽院では「歌もピアノも上手になって、お母さんや、先生たちからほめられたい」と何事にも全力で取り組み、レッスンの合間には自分から塾の宿題をこなす――そんな模範的な子どもでもありました。

ただ、合宿生活で女子班の引率を担当する私は、少女に小学生の女の子特有の自立心がないことは少し気になっていました。

一般に女の子はじょじょに他人の世話をやくのが好きになっていくものです。しかし、少女は自分のことに手いっぱいで、自分より小さな子の面倒を見る余裕がありませんでした。そのため、音楽面では信頼され、豊富な知識があるにもかかわらず、生活面では積極的に主導権を握ることはありませんでした。私は「友だちとの和をたいせつにするやさしい性格なのだ。年齢とともに変化するだろう」と軽く考えていました。

当時は、音感教育以外の問題に口を出すことが申し訳ないことに思えて、家庭や学校生活で自然と解決されていくと信じていたのです。それがのちに問題となったのではないか――私は今もその責任を感じているのです。

少女が高校二年生になると、お母さんとの感情のすれ違いから、苦労して入学した高校をやめたいといって、家族を困らせるようになりました。お母さんは娘の変化に悩み、私はよく相談を受けたものです。

十二月のある寒い夜です。

「娘が帰ってきません」

お母さんから不安そうな声で連絡があり、私もいっしょに探しにいくことになりました。駅に向かう途中、まさに私のもとに来ようとしていた少女と出くわしたのです。あわててお母さんに連絡を入れて、その夜はあずかることにしました。

「麻奈先生の家においてくれるなら、高校にいく」

この要求をのむことが甘やかしにつながるのではとも考えましたが、万一、十七歳の女の子が大人の目が届かない場所で危険な目にあうことのほうが心配でした。ご両親は恐縮されましたが、「しばらくのあいだ」ということで、個人的におあずかりしたのです。

両親に対する反抗や不満は十七歳ごろには誰もがもつ気持ちです。大人扱いをすると急に子どもじみたわがままを言い、やさしくすると大人ぶって反発する。自分が愛されているか、見捨てられていないかを確かめているようにも見えました。

一般に、大人は反抗期の子どもと向き合うと、「どうして、こんなことになったのか」「なぜ、親に迷惑をかけることばかりするのか」と眉をしかめます。ですが、親子はたがいを写す鏡のような存在で、子どもひとりが大人を困らせるように育ったわけではないのです。

少女との共同生活

当時、私の職場はとてもあわただしい時期にありました。毎年おこなわれる冬期講習会や東京合同音楽祭と併行して、木下音感協会が創立三十周年を迎え、記念式典と記念音楽会が予定されていたからです。

自宅で過ごすより、職場で過ごす時間のほうが長かった私は、少女のお母さんのように行き届いた家事をすることも、宿題の手助けや、学校の先生の呼び出しに対応することはできません。少女が自分の行動に責任をもたないと共同生活は成り立たないのです。そこで、わが家で暮らす約束を作りました。

- 保護者が学校に呼び出されるようなことをしないこと。
- 自分の身の回りのことは自分でするこど。
- 一日の予定を報告して、自分で決めた帰宅時間を守ること。
- 漢字ドリルを一日一冊やること。
- 時間に余裕があるときは楽院の手伝いをすること。

▫毎日の出来事をお父さんにファックスで報告すること。

私自身も、少女が家にいるあいだは手作りの弁当をもたせて学校に送り出し、夕食は外でとることがあっても必ずいっしょにしました。

これまで大勢の教え子の難しい時期につきあってきましたが、私がつねに心に誓っていることがあります。それは、相手がだれであっても、「正しいことは正しい、間違っていることは間違っている」と言うことです。

もし、「相手が大人だから」「社会で活躍する人だから」と親御さんの肩をもったら、私は子どもの信用を失うでしょう。反対に、子どもの言い分だけを受け入れていたら、保護者からは信頼されません。

子どもに寄り添うというのは、一方的に子どもの言い分を受け入れるのではなく、社会の常識やルールのもと、ひとりの人間として接することだと思うのです。

少女が私に救いを求めたのは、私が完璧ではないことを知っていたからでしょう。私も、自分がいろいろなことに悩んだり、苦しんだりする姿を少女に隠そうとは思っていませんでした。

はためにはたいへんそうに見えた少女との暮らしでしたが、二歳から教えた娘のような少女との生活によって、子育てをする親の気持ちを擬似体験でき、私自身が癒《いや》されることもよくありました。

私は、少女と付き合って、子育ての難しさは、幼児期よりも児童期や思春期にあると思い知らされました。幼児期から低学年までは愛情を与え、よい教育、よいしつけを与えれば、大人の言うことを聞いて、比較的素直に育っているように見えるものです。

しかし、子どもに自我が芽生え、口が達者になっても、親離れの準備ができていないと、子どもは自分の問題を、身近な人、とくにやさしいお母さんに責任転嫁して反抗することがあるのです。そして、その問題の芽は、幼くてかわいいころから少しずつ大きくなっていくと感じます。

私が少女に教えたこと

私は仕事柄、同じことを懇切丁寧に教えても、一人ひとりの理解の仕方は異なり、それぞれに適した指導が必要であることを実感しています。少女についても、「何が理解でき、何が理解できていないのか」を見極め、「どうしたら理解させられるか」を観察しながら生活しました。

少女は「麻奈先生の家からなら……」と高校に通っていましたが、私は内心、たいへんなことになったと思っていました。なぜなら、本人が「学校をやめてはいけない理由」を納得せずに親元に帰ったら、同じことを繰り返すのが目に見えていたからです。

一般に「学校をやめたい」という子どもは、異口《いく》同音、「親の見栄で学校に行かされている」と不満を言います。しかし、長年、さまざまな教育を与えてたいせつに育てた結果が「すねかじりのニート」では、親御さんにとっては死活問題です。高校卒業は、わが子が社会に出てから困らないための、親心であり願いなのです。

自分にしたいことがあり、本当に意志が強い子であれば、高校を中退しても、大学検定の資格を取り、人生を立て直す道もあるでしょう。そのいっぽうで、現実の厳しさを知らずに自由を手にしたら、道を踏みはずす可能性が高くなります。私は、女の子だからこそ、できるだけ困難な道を進ませたくなかったのです。

そこで少女には、高校を中退すると――

「物事を途中で放り出す人間だと思われる」「好きな人ができても、相手の家族に結婚を反対されるかもしれない」「お母さんになっても子どもに『勉強しなさい』と言えない」「大検を受けるには何科目も試験を受けて合格する必要がある」「自分が納得できる仕事につけないこともある」など、現実で直面する可能性のすべてを伝えました。

そして、「後悔するから中退だけはやめておきなさい」と付け加えたのです。

どんなに社会が平等といっても学歴は大きな壁となります。まして高校中退のままでは、大学も資格試験も受けられません。まず、高校卒業資格が求められるからです。

それでも、簡単に心を変えないのが思春期の子どもです。

少女が「ほかの学校に転校したい」と口にしたときには、近所のファーストフード店のアルバイト募集の張り紙を見せ、高校生が一時間に稼げる金額と両親が支払っている学費についても考えさせました。しかし、お金を稼ぐたいへんさを心から理解したのは、社会に出て働きはじめてからだったのかもしれません。

結局、少女は高校を継続することを選び、その翌年には大学にも進学することができました。

今思うと、こうしたやり取りのすべてが、少女が自分の問題を解決するために必要な道のりだったのかもしれません。

大人になるための自立への道

少女と共に暮らした二十八日間、私は時間の許すかぎり、仕事の話にはじまり、社会のしくみ、物事の道理、人間関係などについて伝えました。少女は「耳にやさしい声」ではなく、「社会の現実や本当のこと」に飢えていました。そこで、その昔、私が両親からうるさく言われたことを何度も話して聞かせたのです。

私は、少女に必要なのは、学校の勉強やその成績ではなく、自分で考えて判断するための経験、社会に出るための知識であると確信しました。少女が興味をもつことは、禁止せずに、いっしょに体験して自分でよいか悪いかを考えさせることにしました。また、身のまわりのことは自分でする習慣をもたせ、他人の役に立つ喜びを教えれば、思いやりや感謝の気持ちを表せる一助になるのではと思ったのです。

私が決めた勉強は漢字ドリルだけで、あとは楽院の手伝いをさせていたのは、こうした理由からでした。

最初のうちは幼い子どもに興味も示さなかった少女でしたが、毎週顔をあわせるうちに、小さい子を思いやったりかわいがったりするようになりました。

合唱のときに高い声を出せずに木下先生から叱られた後輩には、「自分も昔、先生に叱られて悔しかったことがあるよ。でも、先生は期待しているから叱るんだ。がんばれ――」そんなアドバイスをしていました。

手伝いをする少女の顔は少しずつやわらかくなり、それは私たちが知る幼いころの顔でした。

私がいちばん厳しく少女に課したことが、毎晩、お父さんにファックスを送ることでした。わが家にいても、少女が両親の子どもであることを忘れさせないようにしたかったのです。

どんなに忙しい日でも、その日の出来事は必ずその日のうちに報告させました。ときに大きな文字で用紙を埋めたり、おざなりなテレビ番組の話で終わらせたりと不誠実さが見えると、書き直しを命じることもありました。

私は、ふだん甘い顔を見せても、いい加減な取り組みをしたり、無責任なことをすると、恐ろしく豹変します。そのことを知る少女は、私との生活でも適度に緊張して、本気で困らせるようなことはいっさいしなかったのです。ですが、両親に対する気持ちは簡単には変わりませんでした。反抗期の子どもがうまくいかないことを身近な大人に責任転嫁するのは、よくあることです。

少女のファックス通信も、最初はそれが見え隠れしていましたが、少しずつ、些細な出来事に喜びを見つけ、親御さんへの感謝の気持ちも表せるようになっていきました。少女が書いた数十枚におよぶ原本は、今も私の手元に残っています。

お父さんから少女に返事が来ることもありました。「きみに好かれるのは簡単だ。ほしいものをほしいだけ与え、いやなことを言わず、自由を与え、好き勝手を許したら、きみはもっとぼくを好きになるだろう。けれど、それできみはちゃんとした社会人になれるだろうか……」。男親ならではの深い愛情を感じます。

それでも、一朝一夕でいい子にはならないのが、この時期の子どもなのです。

少女が親御さんのもとに戻りしばらくしたころ、私はブログをはじめました。

少女に伝えきれなかったことや、私自身がどのように育てられたかなどを伝えたい――そう思ったことがきっかけでした。

これは、わが子に木下式を受けさせるお母さんや、木下式を教える先生たちの子育てのヒントになるかもしれないとも思いました。以来六年間、毎日続けてきたのです。

2　木下式音感教育法とは

私は、父が四十七年前に幼児のために考案した木下式音感教育法を実践する木下音感楽院の講師として、一歳十カ月から小学六年生までの子どもたちと関わっています。

昔は「音楽は情操教育」と考えた保護者がおおぜい楽院の門を叩きました。ですがその後、木下式を受けると行儀がよくなりしつけができる、言葉がはっきりとして言語訓練に役立つ、機能向上に効果があり療育になる、などの理由で通う人も出てきました。

音楽教育でありながら多方面に効果がある木下式は、どのようなものかをお話ししましょう。

両親が受け継いできたもの

子どものころ、楽院に通うお母さんたちから「木下先生はどんなお父さんなの？」と、よく聞かれたものでした。音楽や教育のことになると妥協がない父を、多くの保護者は恐れていたのでしょう。私が「家でも同じです」と答えると、だれもが同情したような表情でうなずきました。ですが、私たちの親子関係は、他人が思うほど悪くはないのです。悪いことをすれば叱られますが、ひざにのせて髭《ひげ》でゴリゴリして愛情表現をするので、自分たちがかわいがられていることは感じていました。

父は二十年ほど前に、千葉県房総《ぼうそう》半島に移り住みました。五年の歳月をかけ、二七〇坪の土地をみずからスコップで掘り、植木職人の技術を借りずに作庭をして「樹酔苑《じゅすいえん》」と名づけました。敷地にある樹木と庭石は、当時の職員の手を借り、トラック搭載型クレーンで運び、大きな石はクレーンで動かし、自分たちで作り上げました。

盆栽というと、できあがったものをながめるだけのように思われますが、父は自分で木に針金をかけて、幹の太さや左右の枝のバランスを整え、美しい芸術品を作りあげることに魅力を感じているようです。樹形が悪いときには、幹にドリルで穴を開けて、そこにほかから伸びた細い枝を移植して、新しい枝を作ることもあります。細い枝が幹の一部となる接木《つぎき》には、何年もの歳月がかかります。ほかにも季節ごとに、肥料を与えたり、芽摘みをしたり、適時にすべきことがたくさんあり、手間と時間を要する趣味といえます。しかし、父にとって、この自然とのふれあいが癒しであり、子どもたちを指導する原動力となっているのです。

父はよく「幼児の音感教育も盆栽も同じ」と表現します。すると、「子どもと盆栽を同じに考えるのは、子どもを型にはめるようで抵抗がある」という人がいます。

ですが、父にとって、よい枝を伸ばし悪い枝は切り落とし、必要があれば新たな枝を作って樹の個性を最大限引きだす盆栽の世話は、子どもの長所を最大限に伸ばして短所を是正しつつ、美しい音楽を作りだす音感教育と同じことなのです。

父が音楽の道に進むまで

父は、江戸時代から昭和にかけて愛知県有数の地主で、庄屋や戸長などを務めた家に生まれました。父の家が特別であったことは、お墓参りをするとわかります。古い墓石の裏に〝誰それの末裔《まつえい》である〟と彫られていたり、家紋が入った刀が残されているなど、歴史を物語るものが多くあるからです。第二次世界大戦によって土地や財産を失ってしまいましたが、祖父母は、育ち盛りの六人の子どもを育てるために、「食べ物屋であれば、食べさせるのに困らないだろう」という理由から、名古屋市内で料亭を開いて、生計を立てました。父が毎年、手作りの正月料理を振舞うのは、そのころに見覚えたからのようです。

そんな家の六人きょうだいの次男に生まれた父ですが、子ども時代を振り返ると必ず「自分は幼児教育が悪かった」と嘆くのです。

それは、乳幼児期を乳母に育てられたことを指しているようでした。乳母といっても十代の若い娘さんで、泣くとおしめを換えておっぱいを口に含ませるだけですから、幼児教育とは言えないといいたかったのでしょう。

しかし、祖父の道徳教育はすばらしいものがありました。祖父は本をよく読み、音楽を好み、とても博識な人でした。子どもたちには木下家の歴史を語り、「世間に恥ずかしいことをしてはいけない」と言い聞かせたそうです。

私たちが子どものころ、悪いことをすると父の口から必ず出るお説教がありました。「親の話となすびの花」「朱に交われば赤くなる」「実るほど、頭《こうべ》を垂れる稲穂かな」「天知る、地知る、人ぞ知る」。それは、その昔、祖父から父たちきょうだいへ伝えられて、今は父親や母親となった私のきょうだいからその子どもたちに語り継がれています。祖父が亡くなっても、その心は子孫に受け継がれているのです。

父が音楽の道に進むことになったいきさつは、自身の著書にも書いていますが、中学のときの音楽の先生との出会いがきっかけでした。「名前と住所を言ってみよ」「矢場町　木下達也」「おぉ、いい声だな」。

そうして、男でありながらソプラノ（女子の声部）に抜擢されたといいます。ほかの人がまったく吹けなかった竹製の笛が上手に吹けたこともあって、先生が「音楽の道に進ませなさい」と自宅を訪ねてきました。当初、バイオリンをすすめられましたが、競争相手が大勢いる楽器は職業に結びつかないと心配した祖母が「クラリネットはいかがでしょうか?」と言ったことから、楽器が決まったのです。

祖母は学校の先生の悪口をけっして言わない母親だったそうです。担任が替わるたびに「達也、今度の先生はとてもいい先生ね」「今年の先生は立派な方ね」「今度の先生は話上手で頭がよい方だった」と必ずほめるのです。父は祖母の言葉に同意できないような先生にあたったとしても、先生を尊敬する祖母の姿勢から、いつしか「よい先生なのだ」と思えたといいます。子どもは、親の導き方しだいでいかようにも変わるということなのかもしれません。

父が高校生のころのことでした。学校で悪さをして祖父が呼び出されたそうです。祖父はすぐ「先生、申し訳ありませんでした。このばか者が」と父を殴りました。その帰り道、「達也、許せよ。あの場ではあれしか方法がなかったのだ」と言ったそうです。親が先に手を出せば、よその人には手出しされないとの親心だったのでしょう。

祖父は、子どもが理解できるように物事を説明するのがじょうずな人でした。あるとき、父が祖父から注意を受けるのを見かけた幼い私に、こう言いました。「おじいちゃまはパパのお父さんだから、パパを叱ってもいいのだよ。でも、麻奈はパパのいうことを聞かなければいけないよ。パパは麻奈のお父さんなのだからね」。私はそんな祖父が大好きでした。

母が音楽を生涯の仕事にしたのは

父が「モーツァルトのような音楽一家出身」と称する母は、作曲家の祖父とピアニストの祖母の三女として生まれました。

祖父は日本初の化粧品会社の四男であり、音楽の道に進むことを反対されましたが、一流になるには外国へ行かなければならないという父方の曽祖父の考えによって、フランスへ留学することになりました。ただし、渡仏には日本女性を伴侶《はんりょ》として同行させることが条件であったことから、そのころ創立された文化学院で山田《やまだ》耕筰《こうさく》や与謝野《よさの》晶子《あきこ》に師事し、東京音楽学校でピアノを学んでいた祖母に白羽《しらは》の矢が立ったようです。

五年のフランス生活で、祖父はセザールフランク音楽院で対位法、和声学などの作曲法、そして、聴音、ソルフェージュ、ピアノやフルートを学び、祖母はそれを手伝いながら、ピアノのレッスン、絵画や帽子制作、立体裁断による洋服制作、最新の美顔術やマニキュアを習ったそうです。祖父が作曲する作品を最初に演奏するのも、祖母の役目でした。こうした両親のもとに生まれたことが、父が指摘する音楽環境のよさなのです。

ところが、母が生まれた翌年から第二次世界大戦がはじまり、世の中は音楽どころではなくなりました。母が四歳になると、東京に大空襲の危険がせまり、祖母は六人の子どもを連れて瀬戸内海の小豆島《しょうどしま》に疎開したのです。道中で、食べるはずだった握り飯を盗まれ、おなかをすかせながら旅をしたことや、疎開先で小さな弟が亡くなったことなど、思い出は厳しいものばかりでした。

やっと、終戦を迎えて東京に帰れることになりましたが、祖母は一番上の伯母と乳のみ子の叔父、叔母を連れて帰京し、母とすぐ上の伯母はしばらく小豆島にとどまることになりました。いっしょに滞在した母方の曽祖父母にとてもかわいがられたそうですが、私の子どものころの記憶には、母が両親と離れて小豆島でつらい思いをした話が印象深く残っているのです。もしかすると、わがままだった私たちに「親がいっしょにいるだけで幸せ」と教えるために、何度も繰り返して聞かせたからかもしれません。

母たちが東京に戻ると、先に帰っていた三歳の叔母がピアノを弾《ひ》けるようになっており、母たちにはショックだったはずです。それに気づいた祖母はすぐに、当時盛んだった鈴木慎一先生のバイオリン教室に通わせました。

戦後、娯楽のない時代に、祖母が自宅で開くダンスの会には、そのころの日本の音楽界の著名な方々が大勢集ったといいます。しかし、母が中学一年のとき、祖父が四十六歳の若さで亡くなり、祖母は生活のために、ＮＨＫの美容体操のピアノ伴奏や大学のピアノ講師をして、六人の子どもを育てることになりました。母はこのころから祖父がフランスから持ち帰ったフルートを吹きはじめました。

祖母はどんなに豊かな家庭に嫁いでも、戦争や病で夫に先立たれる人を多く見ていたため、「女の子であっても、独立した生計が立てられる人に」と願い、四人の娘を音楽大学へ通わせたのです。

木下式の誕生――子どもに絶対音感を

父の生家には、当時めずらしかった蓄音機があり、小学校で耳にするクラシック音楽にとても親しみを感じたといいます。それがのちに音楽の道に進ませることになったのかもしれません。

ですが、父が初めて自分でピアノをもったのは、二十五歳を過ぎてから。

これは恵まれた環境になかったことを示しています。

そんな父が母と結婚したことで、「自分にはない能力」の存在に気づいたのです。

きっかけは当時三歳だった私の従兄がオーケストラのチューニングを聴いて、「A（ラの音）だ」「低い」「高い」と指摘したことでした。父は「これが絶対音感という能力か。こんなに幼い子どもにこんなことが可能なのか」と驚いたそうです。演奏家として、音楽に対する情熱と感性は誰にも負けないと自負していた父ですが、「どんなに音楽が好きでも、音感能力が乏しいと、音楽の道を進むときに苦労をする。だからこそ、わが子には音感をつけたい」と考えたのです。それは私が生まれる五年前の出来事でした。

音感能力はピアノなどの音を聴いて、それがなんの音であるか判別する能力ですが、耳の発達が完了する七歳までに身につけないと絶対的な感覚（絶対音感）を備えることはできません。音感能力が弱いと、歌を歌ったり楽器を演奏する際に、調子がはずれたり、間違った音を出しても自分では気づかないことがあるため、音楽を専門的に勉強するには、「音感」が不可欠と言われるのです。

ひと言で「音感能力」といっても種類があります。これを色にたとえて考えてみましょう。パッと見て「赤」と瞬時に答えられる人もいれば、じっくり見て「赤かな？　朱色かな？　ワインレッドかな？　あ、赤だ」と時間を要する人もいます。瞬時に判断できるのが「絶対音感」だとすると、時間を要するのが「相対音感」かもしれません。

音感がない人の世界をモノクロの世界と考えるなら、色彩の差がわかって音を識別できるという点では「絶対音感」も「相対音感」もどちらも立派な能力ですが、幼児期に訓練を開始することでより鋭敏な能力が身につくなら、無理なく絶対音感を修得させたいものです。

昔から、絶対音感を身につけさせるためには、両親のどちらかが音楽を職業にしていたり、兄姉が音楽の勉強をしているなど、乳幼児期の自然な聴覚訓練が条件となることが知られています。

世間には音感教育といって和音をたくさん聴かせ、識別できるまで覚えさせる教育法もありますが、木下式は一方的に音を聴かせるのではなく、自分の喉で正しく再生させることで、自分の耳に音程の物差しを刻みつけていきます。つまり、歌唱力を鍛えることで、聴覚を発達させるのが特長なのです。

最近、七歳になる女の子が木下式の体験授業を受けにきました。そのお子さんは幼稚園のころからバイオリンを習い、ソルフェージュ（聴音）も勉強しているとのことでした。それなのに、三歳用の読譜教材を視唱させると、「ドレミ」という音符は読めても、正しい音程で歌うことはできませんでした。ピアノの音を聴きながら調子がはずれるのは音感能力が微弱であることを意味しています。これでは、バイオリンのレッスンが苦になるのも無理はありません。

日本の音楽教育は、長年、正しい音程で歌うことも、音符の読み書きも知らないまま、器楽突入方式を採用してきました。このことに疑問を感じたからこそ、父は木下式を考案したのです。

かるたで音楽の基礎を教える木下式

私が生まれた当時は高度成長期で、だれもが音楽にあこがれていました。ちょうど父が自宅で小中学生にソルフェージュを教えていたこともあり、「麻奈ちゃんといっしょに教えて」と近所の幼児たちが通ってくるようになりました。しかし、音楽になじみがある環境で育った私と、一般の家庭に育った子とでは大きな差があり、父は試行錯誤のなかで、音感かるたと歌唱曲の対連《ツィ》合学習法を生み出したのです。

音楽には「ドレミファソラシド」という音階がありますが、音楽になじみのない幼い子どもにこれを教えるのは、容易なことではありません。

そこで、父は音感教育のための歌唱曲「ドレミはみんなの仲良しさん」を作曲したのです。この曲の歌詞は、「ドドドドどろんこだ、レレレレレスリング、ミミミミみんなであそぼう」と幼児に「ドレミファソラシド」を教える工夫があります。しかし、それだけではすべての幼児が興味を持ってくれませんでした。そこで、さらに動物やロボットの図柄のついた音感かるたを作り、歌唱曲と対《ツイ》にしたのです。はじめは音感かるたで幼児をひきつけます。

音感かるた「どろんこだーのド」

★歌唱曲「ドレミはみんなの仲良しさん」
（歌唱訓練）
幼児：ドドドドどろんこだー

対⇔

★音感かるたの説明（言語訓練）
先生：さぁ、かわいいワンちゃんが出てきましたよ。ワンちゃんのお顔や手にどろんこがいっぱいついていますね。お外でどろんこ遊びをしたのかな？

だからこのかるたは、「どろんこだーのド」といいます。じゃあ、みんなで「どろんこだーのド」と言おう。どろんこ・だーの・ド。ハイ！

幼児：どろんこ・だーの・ド

さて、「どろんこだーのド」「レスリングのレ」「みんなであそぼうのミ……」と「アエイオウ」の口型に注意してはっきりと言わせることは、アナウンサーや俳優がする発声訓練と同じ効果があります。音感かるたの意味づけ語（名称）を分析すると、日本語の五十音がもつ子音母音のすべてが、含まれていることがわかります。歌上手を育てるために、正しい日本語の発音、すばやい言葉の組み立ては無視できないことを、父は長年の教育実践を通してつきとめたのです。

歌唱曲、「ドレミはみんなの仲良しさん」の歌詞「ドドドどろんこだー」は「音感かるた」の意味づけ「どろんこだーのド」と対であるため、幼児は親しみをもって覚えます。また、この曲が正しい声で歌えるようになるころには、たいていの童謡は難なく歌えるようになります。

通常、幼児のための童謡は、歌いやすいように隣同士の音や近い音程（二度〜三度）で作曲されているのですが、「ドレミはみんなの仲良しさん」は、それ以外の音程（四度、五度、六度）が豊富に使われています。つまり、この一曲を完璧に歌えるようにすることで、どんなメロディーも吸収できる素地を作るのです。

また、音感かるたは、幼児が音符を読み書きすることも可能にします。一般の五線は、五本の黒い線で構成されていますが、木下式はカラー五線譜といって、下から、緑、空色、茶色、黄色、オレンジと、音感かるたの特徴色で構成されています。

音感かるた「みんなであそぼうのミ」の特徴色は「みどり」です。この色が理解できれば、カラー五線のみどりの線の上に丸を書けば「ミ」の音符を書き記すことができ、みどりの線上にある音符を「ミ」と読むことができるのです。通常、幼児に五線譜を理解させることはとても難しいことですが、木下式のカラー五線譜であれば、簡単に理解させられます。

これ以外にも、音感かるたと歌唱曲を組み合わせた聴音訓練が用意されています。これを「かるた取り」と呼び、三段階の手法によって幼児たちを聴音の世界に誘います。

最初は、メロディーを正しい声で歌ってかるたを取る「絵あてかるた取り」、次に歌詞で聴きわける「うたかるた取り」、最後は音名で聴きわける「ドレミかるた取り」へと発展します。

幼児たちが音感かるたを取る姿は、けなげでかわいいものですが、この訓練は音感能力を養うだけでなく、聴覚と視覚を連動して使う、理性的に自己を抑制する、指先まで意識をもつなどを通して、脳の発達もうながしています。

音感を育てる以外にも効果があった木下式

子どもが中学生になってから「音楽の道に進みたい」と願っても困らないようにしたい――そんな思いから生まれた木下式音感教育法ですが、父は三十五年以上前に、幼稚園や保育園ですべての園児にこの教育を実践しようと提唱しました。その結果、実践した現場では「自己主張ある声を出す」「はっきりと鮮明に話す」「音符の読み書きができる」「正しい声で歌う」など音楽的な成果以外にも、大きくふたつの効果が認められたのです。

一つめは、「先生の目を見て話を聞くことができる」「集団行動ができる」「姿勢よく立ち、行儀よくふるまう」「集中して物事に取り組む」などの、幼児期のしつけができることです。木下式を実践する園はどこの園も、幼児とは思えないほど行儀がよく、静かに人の話が聞けると定評があります。

二つめは、自分で思考し記憶する習慣が身につくことです。木下式を実践してから知能があがったという報告もあります。記憶力がよくなるかどうかも、勉強が好きになるかどうかも、六歳までに「どのように思考力を鍛えたか」が大きな鍵を握っています。

先導理論は頭のよい子を育てる

木下式では、幼児に「音感かるた」の意味づけ（どろんこだーのド）を教える際には、必ず童話的な説明をしたうえで、「これは〜である」と断定することが決められています。

これは、「左脳の発達がより活発になる三歳過ぎの子どもには、物事を記憶するために〝理由づけ〟が必要」ということを考慮した教え方です。これを「先導理論」といいます。

木下式は、もともと、わが子に音感を身につけるために考案されたため、新しい教材を開発するたびに、幼い私や弟に実験したものでした。

音感かるたができあがったときも、三歳だった私にかるたを見せ、「どろんこだーのドだよ」と教えたようです。すると、私は「どうしてどろんこだーのドなの？」「犬にどろんこがついているでしょ？」「どうして、ワンちゃんにどろんこがついてるの？」「どろんこ遊びをしたんだよ」「どこで？」……。私の「なぜ？」「どうして？」「なんでそうなったの？」という疑問を浴びせられた父は、子どもは納得する説明がなければ、ただ名称だけを覚えることはできないことをさとったのです。

そこで、事前に言葉を説明することで、幼児が納得して覚えるように仕向けました。この手法を先導理論と呼び、「断定用語」「連想用語」「思考用語」の三段階があります。

さぁ、かわいいワンちゃんが出てきましたよ。ワンちゃんのお顔や手にどろんこがいっぱいついていますね。お外でどろんこ遊びをしたのかな？　だからこのかるたは、「どろんこだーのド」といいます。じゃあ、みんなで「どろんこだーのド」と言おう。**【断定用語：全先導】**

幼児たちはこの言葉から、先生と同じ高さ、同じ口の開け方、同じ抑揚で意味づけを復唱（真似）します。

全員が自信をもって取り組めるようになるまで続け、数カ月ののち、幼児に新たな挑戦を与えます。

さぁ、ワンちゃんが出てきましたよ。ワンちゃんのお顔や手にどろんこがいっぱいついていますね。だからこのかるたは、「どろ……」なんだった？　**【連想用語：部分先導】**

幼児は、つねに「新しいことに取り組みたい」「難しいことがやりたい」と思っているものです。二文字のみ知らせることで、「自分は全部言える」と喜んで答えようとします。子ども同士の競争心も芽生えます。

この訓練も、全員が自信をもって瞬時に答えられるようになったら、さらに難度をあげます。

汚れているかるたが出てきた。このかるたは、なんだった？　**【思考用語：無先導】**

幼児たちのなかには、記憶することが得意な子もいれば、そうでない子もいます。音感かるたによる言語訓練は、指導者が抑揚（緩急・間合い・強弱・音調・イントネーション）をもって、幼児の好む高めではっきりした声で語りかける決まりがあります。そして、必ず先生の模範を幼児が「復唱」して、自分の声を自分の耳で確認するのです。

これを少しずつ発展させることで、すべての幼児が自信をもって大事な事柄を確実に覚えることができます。この訓練で、幼児たちに、歌を歌うために必要な母音や舌の動かし方などを教え、同時に、先生の言葉に意識を向けて集中して取り組むことも教えます。

この方法は、音感かるた以外にも幼児に未知の事柄を知らせる際に活用できるのです。ここで、歴史上の人物に用語をあてはめ、幼児に未知の事柄を教える方法を考えてみましょう。

【豊臣秀吉】

戦国時代の武将、織田信長の家来で、信長が亡くなったあと、天下統一を果たした人がいます。この人の名前を豊臣秀吉といいます。トヨトミ・ヒデヨシ！　ハイ　**【全先導】**

織田信長の家来で、信長が亡くなったあと、天下統一をした武将は、トヨト……、誰だった？　**【部分先導】**

戦国時代、天下統一、誰だった？　**【無先導】**

こうした工夫をすれば、お母さんが生活のなかで子どもに教えられることが、たくさんあるはずです。

学校の勉強を先取りしたり、ほかの子より賢い子に育てようと躍起になる必要はありませんが、子どもが興味を持つことに、お母さんが少し手を貸し、楽しんでいっしょに学ぶことが大切です。

幼児期の子どもは、私たち大人と違って、なんでもすぐに吸収できる力を持っていますが、忘れるのも早いものです。子どもに体得させるためには、反復が欠かせません。

刺激度理論が歌上手にする

子どもの歌声を正して聴覚訓練をするというと、声楽家のベルカント唱法を思い浮かべるかもしれません。しかし、専門家の歌声や大人の口先だけの歌い方は、その情感に耳が惑わされ、正しい音程を感知しづらいのです。

じつは、幼児の調子っぱずれを正すのにいちばん効果があるのは、年齢が近い子どもです。この教育法が開発された当初は、私の弟が「サンプル児」として父に同行し、幼児の発声不良を改善していました。

父は「どこの幼稚園にも、もって生まれた恵まれた声の持ち主がいる。その子を手本にすれば、みんなが歌上手に育つ」と提唱しましたが、同年齢のグループで特定のだれかを手本にすることは教育上好ましくないことから、幼稚園、保育園の先生などの大人が、すぐに発声不良を改善できる模範を追求したのです。

幼児には、やさしい声にはやさしい声を返し、力強い声を出せば同等の声を返す特性がありま す。そこで父は、低い音から高い音までそれぞれの音がもつ特徴を六種の刺激（刺激、強弱、長短、語調、発声開始合図、ハンドサイン）に分類して、それぞれの味わいや特徴を表すことで、幼児がより的確に音高を感知できることを突き止めたのです。これが「刺激度理論」です。

最初は声域が狭く調子がはずれる幼児でも、刺激を伴った模範唱（手本）によって正しい音程を知らせれば、声域は広がり、やがてどんなメロディーも歌えるようになるのです。

木下式の発声は、幼児特有のはつらつとした声と正しい音程が特長です。これを「幼童唱法」と呼びますが、児童期にこの方法で歌えるようになれば、のちに異なる発声法に転換することは難しくありません。

木下式を学んだ人のなかには、声楽科に進んだ人も多くいますが、その音楽の基本能力に定評があります。

抜粋理論で、さらにさまざまな能力を伸ばす

木下式には「ドレミはみんなの仲良しさん」や「音階記憶唱」など歌唱訓練があり、必ず「ドレミファソラシド」の配列で構成されています。これを確実に記憶させることが、音感能力を備えさせる基本です。

大人は「音階の配列など簡単」と思いがちですが、音階をほんとうに理解するのは、口でいうほど簡単ではありません。ちょうど、数字を覚えはじめた幼い幼児が「二十まで数えられるよ。一、二、三……」と暗誦はできても、足し算や引き算、掛け算など発展的な計算はできないように、音楽もドレミの配列を覚えるだけでは難しい聴音課題はできません。メロディーのかたまり（パターン）をはじめ、単音や和音など、さまざまな組み合わせを理解できてはじめて、幅広く音楽を楽しむ素地となるのです。

そこで、いろいろな発声課題で音階の配列を記憶したと認められたら、発展的な課題を与える

ことになります。それは、数字の配列が理解できた子どもに、「五の次は？」「九の次は？」と抜きだして問いかけるような訓練です。

これを、木下式では「抜粋理論」と呼んでいます。抜粋とは文献などから必要な部分を抜きとり書き記すことをいいますが、木下式ではこれまで概念づけた事柄がきちんと定着したかどうかを見極めるために、順不同に抜きだし訓練します。

歌唱曲を例にすると、「しかられた（シシドシラ）、レスリング（レファミレド）、なかよしさん（ソソラソド）、ファントマだ（ファファソラシ♭）、らんぼうはやめよう（ラレドラソソソ）、どろんこだ（ドミレドソ）、みんなであそぼう（ミドシラシシシ）」となります。

これは、父が長年の教育実践の中で幼児が聴きわけやすい順序を見つけ、それを課題としたものです。

「次はなんの音が出てくるの？」「今度はなんだろう？」とピアノを弾いてきかせると、幼児は緊張感をもって、聴覚を働かせます。そして、自分が考えた音と自分の声を合致させ、耳で確認することで相対的な感覚を養うのです。

この反復によって、やがてどんな音の聴き分けも可能にする絶対音感が身につくのです。

木下式の理論は動物の子育てと似ている？

わが家は家族団らんの時間に動物のドキュメンタリー番組をよくみますが、動物の子育てには、人間が学ぶべき「たいせつなこと」がたくさんあります。

肉食獣の親がわが子に狩りを教えるためには、まず獲物を与え、その味を覚えさせることからはじめるそうです。次に弱った獲物をわが子の前に置き、捕獲の喜びと、獲物を弱らせることを教えます。獲物をとるために必要な感覚を養ったあと、頃合いを見て狩りに連れだします。何日も何日も獲物がとれない日もあります。そうして、おなかを空かせ、死に物ぐるいで獲物に飛びかかって、ようやく自分で獲物を仕留めたとき――それが親から離れる時期なのです。

木下式の理論体系は、この動物の子育てによく似ています。

最初は、懇切丁寧に子どもに真似をさせます（全先導）。これは、やさしさや思いやりのあるお母さんの愛です。

そして、何度も繰り返し教えたら、様子を観察しながら少しずつ手を放します（部分先導）。子どもが自信を備えたら、親は手を放します（無先導）。これは、子どもの自立を願う父親の愛、突き放す愛です。

木下式はわが子のために考案した教育であるため、その根底には、音楽のみならず、わが子をひとり立ちさせようとする愛情や、「生きることに真摯《しんし》であれ」「一生懸命、全力投球せよ」「自分を信じて、能力を発揮すべきタイミングで発揮せよ」というメッセージも含まれているのです。

3　手作りの教育で育った私

木下式の原点は、大人が手をかけ、子どもがひとりでできるようになるまで、懇切丁寧に教えることにあります。

それは音感教育のみならず、家庭教育でも実践されました。幼稚園で「縄跳びができない」と言われれば、毎朝早起きをして、マラソンやうさぎ跳びの特訓がはじまりました。子どもだった私には少々ありがた迷惑なことでしたが、泣き真似をしても逃れることはできませんでした。

一般に子ども用の縄跳びはプラスティック製の軽いものが主流です。しかし、子どもに一定の速度で縄を回させるためには、重さが必要になります。そこで、父は持ち手が木製の大人用の縄とびを購入し、それを半分に切って、縄の先に重石をつけたのです。それを左右別々に持たせ腕を回す練習からはじめました。回転が早ければ、「ピシッ、ピシッ」と鋭い音が出ますが、遅れると鈍い音になってしまいます。この音が左右同時に発せられれば跳びやすい弧を描くことができるのです。そこで、メトロノームに合わせて、右、左、両手……。まるでピアノの練習のようですが、片手でできないものは両手でできるはずがないのは、縄跳びも同じです。

次はジャンプの練習です。これもメトロノームに合わせ、一定の速度で跳べるようにします。すべてのタイミングが合ったとき、二本に切った縄跳びがあたかも一本の縄をフォームよく跳んでいるように見えるのです。

音感教育を考案したように、「何が原因で縄跳びができないか」を観察して、適した訓練法を見つけることが父の才能です。その後、一本の縄で二百回〜三百回と連続記録を伸ばし、母の記憶では五百回近くまで跳べるようになったそうです。「やっと人前で自信をもって特技を披露できる」。父は勇んで幼稚園に送り出したようですが、「みんなが飛べないのに、自分だけたくさん跳んでは申し訳ない……」と、二十回も跳ぶとわざと縄にひっかかって止める——私はそんな子どもでした。毎朝、特訓した父は、さぞ不甲斐なかったことでしょう。

それでも、父はあきらめませんでした。祖母が「麻奈は内股でよくころぶ」と口にすれば、わが家の庭には、すぐに角材でできた父の手製の平均台ができあがりました。大人の腰の高さの平均台は、緊張して足の置き場を考えなければ、すぐに落ちてしまいます。高所が苦手な私は、ジリジリとしか前へ進むことができませんでした。しかし、毎朝の特訓で、さっそうと歩けるようになると、私の内股は解消されていたのです。

子どものころの私は、たいへん内気な子どもで、自信をもってはっきりと発言することがありませんでした。そのため小学校にあがると、隣の席に座った男の子のお母さんから「おたくのお子さんがうちの子と口をきいてくれません。仲よくしてやってください」と電話がかかってきてしまいました。父は「家では口をきくのに、なぜ学校で口をきかないのか」と立腹しましたが、母は、自分も男の子が嫌いでだれとも口をきかなかったのだから、ととりなしてくれました。

私は公立小学校に上がってはじめて出会った粗暴な男の子と関わりたくなかっただけなのですが、父にとって他人からわが子の弱点を指摘されるのは、自分のことのように腹が立ったようです。

私がいじめられたと聞くたびに、父は決まって「ピアノをもっと練習せよ」と言ったものでした。特技があれば自信となり、身を守ってくれると考えたのでしょう。

手作り教材であふれていたわが家

印象が強い父の存在の陰になりあまり目立ちませんが、母も手間をかけて教えることをいとわない人です。

母は私が生まれる前から、「三歳はなんでも簡単に覚える時期」ということを知っていました。それは、母が中学生だったころの経験によるものでした。当事、作曲家だった祖父が亡くなり、祖母は女手ひとつで六人の子どもを育てなければならなくなりました。母たち姉妹が家の手伝いや弟妹の世話などをするのは当たり前の時代でした。そのころ、三歳だった末の弟がなんでもすぐに覚えたため、母たちはおもしろがっていろいろなことを教えたそうです。のちにその子は勉強がとても得意な子どもとして成長しました。

この経験から母は、幼児期に教えるべきことがあるのではと、生まれてくる私のために多くの育児書を求めたのでしょう。

私が幼稚園に入るころ、わが家のいたる場所に「冷蔵庫」「食器棚」と手書きの漢字カードが貼りつけられていました。わが家の表札を見覚えた三歳の私が、近所に「並木さん」という表札を見つけ、「うち（木下）と同じしるしがある」と漢字に興味を示したことから、母は漢字教育の本を読み、みかん箱いっぱいに漢字カードを作ったのです。私も弟も教えれば教えただけ覚え、母はいまだに「楽しませてもらった」と言っています。

実は、ここに「教えること」の本質が隠れています。漢字でも、音楽でも、子どもに教えるときは、教えている大人が楽しむこと。幼児が興味をもった瞬間を見逃さないこと。子どもができるようになったときには、大人が自分のことのように喜ぶこと。これが、子どもに学ぶことを楽しいと思わせるコツなのです。

あれから四十年以上が過ぎ、世の中にはきれいな「漢字カード」がたくさん出回っています。ですが、教材は購入すると安心して何回か使って忘れ去られてしまうようです。母が作ったカードは買ったものに比べ、けっして美しくはありませんでしたが、手間をかけたぶん最大限活用され、役目をまっとうしました。

母の代表作に、私たちきょうだいの日常を描いた詞があります。私が幼稚園に行くのを嫌がると、「あるいてあるいていこう　あめがふってもいこう、かぜがふいても、さぁいこう（あるいてあるいていこう）」「ようちえんってたのしいな　たくさんともだちいるんだもん　いじめっこもいるけれど、なかよしさんだっているんだもん（ようちえんってたのしいな）」など母の詞に父が曲を作り、私たちのための童謡がたくさんできあがりました。のちに、「子どもが演じられるオペラがない」とふたりでオペラまで作ってしまいました。

両親に共通したのは、みずからの体験を通して子育てをしたことにあります。父は自分がもちえなかった「音感」という能力をわが子に与えることを、母は若くして親と死別した体験から親がなくても生きられる子に育てることを、めざしたのです。

かわいそうと思われないために

私が生まれるとすぐ、父はお医者様に呼ばれ「先天性血管腫」と告げられました。右半身に生まれつきの赤いあざがあったのです。乳児のころはあまりわかりませんでしたが、小学校にあがるころには、かなり目立つようになりました。心配した父が私を連れて大学病院に相談にもいきましたが、とくに治療法はありませんでした。

学校へ行くと、見ず知らずのお母さんから、「蕁麻疹《じんましん》なの？　うちの子にうつさないでね」と言われ、なかには「かわいそうにねぇ……」と同情と侮蔑《ぶべつ》が混じったような表情を見せる人もおり、子ども心にデリカシーのない大人の存在にショックを感じたものです。しかし、両親が気の毒な気がして、誰にも伝えませんでした。

父は時々酔うと「女の子なのにかわいそうだな。治してやりたいな」とつぶやいたものです。母は内心気にしていたのかもしれませんが、私が卑下《ひげ》することがないよう、「かわいそう」という言葉はいっさい口にしませんでした。

父も母も、私が負い目に感じないよう必死に教育したのです。きょうだい三人のなかで私がいちばん手をかけられた理由は、ここにあったのかもしれません。

今でいう「いじめ」はこのころはじまりました。思えば些細な大人の真似から始まったことですが、それは公立中学校を卒業するまで続きました。クラスメートがだれひとり、口をきいてくれなかったり、私の手が触れたものには触らないなど、よくあることですが、九年間続いたことで、私の卑屈な面とともに「いつか見返してやろう」という内面の強さもはぐくまれました。

学校でのストレスは、家に帰って二歳下の弟で発散していたようで、あとになって親になった弟が「麻奈先生は子どものころ、馬乗りになってパパをいじめたんだぞ。ひどいだろう」と、私がかわいがっている甥たちに冗談混じりに聞かせるので、穴があったら入りたい気持ちになったものでした。

妹の母がわりをして

私が、小学校にあがってしばらく経つと、木下式が世間に認められ、両親はとても忙しくなりました。そこで、私と弟が妹の面倒を見ることになったのです。

私たちが学校やお稽古事に行っているあいだは、妹は母のいる教室でジャンピング紐にぶら下がりながら、音感の授業を聴いていました。そのため、言葉を話すより先に赤ちゃん言葉で「パピパ・パピパ……」と音階記憶唱を音程よく口ずさみ、言葉を話せるようになったころには、ピアノの音を識別できるようになっていました。

幼かった妹は、音感に限らず色彩感覚や漢字、数字に対する感覚も私たちより秀でていました。私や弟と比べるとほとんど手をかけなかった妹がすぐれていたため、「この子は賢い」と両親は驚きました。

今思えば、二歳児特有の才能が私たちきょうだいの存在で引きだされたにすぎませんでした。

また、せっかくの感覚を開花させるためには、大人の手助けが必要だったのです。

妹はピアノの音だけでなく、線路の踏み切りの音、救急車の音、あらゆる音を楽音で識別し、誰より鋭敏な聴覚（絶対音感）を備えていました。一度聴けば覚えられるため、よく私に「ピアノの宿題を弾いて聴かせて」とねだったものでした。かわいい妹の頼みに、私は得意になって聴かせましたが、それが妹を面倒な譜読みから遠ざける結果となりました。

私が子どものころは、新曲は右手、左手とさらい、その後両手を合わせ、苦労しながら弾けるように練習して、それが自分の力となりました。しかし、妹にはそれをする機会がありませんでした。たまの日曜日に母が妹のピアノの練習に付き合おうとしても、大声で泣いていやがるため、父から「もうやめてやれ」と助け舟が出されたからです。

結局、私の甘やかしが問題とされることもなく、鋭敏な音感能力を最大限に使いこなさないまま、ときは過ぎていきました。

遠くアメリカへ旅立つ

高校生になった私は、自分の将来について悩むようになりました。楽院で働くことも、日本で音楽大学に進むことも、私が望むことではありませんでした。なんとか親元を離れ、ひとりで生きる経験がしたい。正攻法で親から離れるためには、遠い異国へ渡るしかありません。私は土下座をして、「アメリカに行かせてほしい」と父を説得したのです。

若いころの父を知る人であれば、これがどれほど勇気がいることかがわかるかもしれません。父はふつうのお父さんのように、子どもが「したい」と言うことをなんでも受け入れるタイプではなかったからです。

弟は「やってもやらなくても叱られるなら、やって叱られたほうがよい」と少年らしい悪さをしたものですが、私はうるさく言われるくらいなら、あきらめたほうがよいと考える子どもでした。

思えば、これが自分の道を自分で切りひらいたはじめてのことでした。

私が四年半滞在したのは、アメリカの北西部にあるオレゴン州です。緯度は北海道とほぼ同じで年間を通して涼しい土地柄ですが、荷造りをした時期が蒸し暑い季節だったことから、「冬物ももっていきなさい」という母の忠告は、右の耳から左へと通り過ぎてしまいました。

自分の失敗に気づいたのは、現地に到着したその瞬間です。しかし、時すでに遅し。さっそく母に連絡をしましたが、荷物は一カ月経ち、二カ月経ってもいっこうに届きません。よその親御さんは外国にいる娘が「お願い」というとすぐに航空便で対応されますが、わが家はそんなに甘くはありません。私は少しさみしい気持ちになりましたが、家事や妹の世話をしていた私がいなくなって、母も時間の余裕がないのだろうと納得もしていました。

あとで親戚から、「自分で置いていったのだから」と母がなかなか荷物を送ろうとしなかったと聞かされました。母の忠告に耳を傾けない私に、「なんでも自分の思いどおりになると思ったら大間違い」と身をもって教えようとしたのでしょう。

結局、私が荷物を手にしたのはクリスマスでした。ホストファーザーが「日本からプレゼントだよ」とうれしそうに手渡してくれましたが、当然、冬服以外は何も入っていませんでした。でも、いいこともありました。つたない英語で人からジャケットを借りたり、買い物の仕方を覚えて、ひとりで生きるすべを学んだのですから。

母は私たち子どもがすることをなんでも受け入れるやさしい人ですが、人として間違ったことをすると、一変、厳しくなります。私には大きな声で怒ってもすぐに気持ちを切り替える父より、ふだんはニコニコしているのに、あるとき急に最後通告を出す母のほうが、ずっと厳しく感じたものでした。

私が渡米してかわいそうな思いをしたのは、当時小学五年だった妹でした。ちょうど、弟も自分の時間を大事にする年ごろになり、かまってくれる人がいなくなったのです。

高学年という難しい年ごろであったことも重なり、わが家の床がきしむ音や風の音が怖いと、情緒不安定な様子を見せるようになりました。

このときはじめて、妹は私ではなく母にわがままを言ったのです。

以後しばらく、「どうせまた私を置いてアメリカに行ってしまうんでしょう」と私には素直に甘えようとしませんでした。

私はそれまで甘やかした罰だと感じていました。妹が望むまま、過剰に手を貸して、ある日突然手を離すという、いちばん残酷な子育てをしてしまったのですから。

アメリカで知る音感教育への感謝

今考えると無謀ですが、当時の私の英語力はたいへん未熟なものでした。知っていたのは中高で習った英文法のみ。そのうえ会話も得意ではなく、当初は筆記具を介して意思疎通を図るほどでした。

私が入学した大学付属の英語学校には、幼少より外国人講師から手ほどきを受けた人や外交官の子女、豊富な知識と語彙《ごい》をもつ中年の企業戦士等、優秀な学生がたくさんいて、皆がＴＯＥＦＬという英語の試験をめざして勉強していました。このテストは、英語を母国語としない人のコミュニケーション能力（聴く・文法・読解力）を測定するもので、当時は、アメリカの四年制大学に入学するためには、五百点以上のスコアが必要でした。

渡米から三カ月が経ち、つきあいで私もこのテストを受けてみました。すると、数カ月前まで筆談で話していた私に、「短期大学であれば入学可能」とする点数が返ってきたのです。日本語にはない微妙な発音を識別できる耳によって、ほかの学生が苦労するリスニングの点数が高かったことが理由でした。

私はこのときはじめて、幼少期に音感教育を受けたことを感謝したのでした。

木下式の厳しさを知って

充実したアメリカ生活を送っていた私に、「日本に帰ってきて、家業を手伝って」という連絡がありました。それは、私が二十二歳になったころのことでした。四年半、アメリカで勉強させてもらったのですから、本来なら喜んで家業を手伝うべきところですが、当事の私はとても未熟で、感謝の気持ちより、帰国させられた不満ばかりを口にしていました。

そんな私の心を入れ替えさせる出来事がありました。それは、父といっしょにある幼稚園を訪問したときのことです。

当事、木下式を採用したばかりのその園は、お世辞にも、しつけも教育もいきとどいているとはいえず、どれほど大声を張りあげて指導しても、幼児たちは私の話を聞こうとはしませんでした。残念なことに、当時の私はどんな幼児も魅了する指導力は持ち合わせておらず、「幼児に意欲がないのだからしかたがない」と妥協した、そのときです。園長先生や大勢の教諭の目の前で、ゴツンと拳骨が飛んできたのです。私の心のうちを見透かした父のものでした。その場にいたすべての人が、木下式に対して畏敬を感じた瞬間でした。

若かった私が傷つかなかったというとうそになりますが、このときの失敗があるから、どんなに体調が悪くても、子どもの前に立ったら全身全霊で取り組めるのです。

親が成人したわが子に手をあげるのはよほどのときです。それは、「自分が叱らずに誰が叱るのだ」という親心なのですから。

4　そして、木下式による第三世代の子育て

妹は子どもが誕生すると、自分にはできなかったことを可能にしたいと思ったようです。出産後、最初にしたことは体操でした。

〝人間が成長するためには必ず正しい過程を経なくてはならない。うつぶせ、腹ばい、ハイハイをおこなうことが、早く二足歩行させる秘訣であり、それに伴い脳も発達する〟というグレン・ドーマン博士の言葉を参考にしたのです。

また、音感かるたの説明をするように抑揚をつけて話しかけたり、本読みをしたり、音楽は意識してクラシックを流していました。

生後三カ月、首がすわったのを機会に、妹は赤ん坊ではなくひとりの人間として扱うことをは

じめました。

赤ちゃん言葉は使わず、ダメなことはダメと言い、髪をひっぱれば同じことをしてその痛みを教えました。わがままを言って泣くときは、話して諭《さと》すように心がけました。

「音感教育によって、よそのお子さんに厳しく接しているのに、自分の子のしつけができなかったら、申し訳ない」。そんな気持ちがあったのでしょう。「やさしいお母さんになる」という子どものころの妹の夢ははかなく消えてしまいました。

生後六カ月になると、口はきけませんでしたが、妹と甥はハンドサインで意思の疎通ができるようになりました。

「おいしいは、ほっぺをトントン叩く」、「お風呂は、両手を胸の前で泡立てるようにする」、「欲しいは、両手を重ねてチョーダイ」という仕草を見せるのです。

生後九カ月には、たくさんの動物カードを並べ、「シカはどれ?」と聞くとシカを指差し、「パンダは?」というとパンダを手にして歓声をあげるようになりました。

そして、生後十カ月、けっして早いほうではありませんが、「マンマ」などの意味ある言葉を発しました。

一歳を過ぎるとエルガー作曲「威風堂々」がお気に入りとなり、メロディーに合わせ同じ高さのピッチで調子を合わせたりしました。

さらに妹は、物の名称を教えるきっかけになればと、野菜、果物、動物、乗り物など身近なものの絵カードを使って遊び相手をしていました。

甥はカードで知った名称と実物を合致させることで、知識を蓄えていきました。あるとき、妹がスーパーに連れていくと、大きな声で「チャーちゃん！　シュイカ、シュイカ（お母さん、スイカ、スイカ）」と叫んだそうです。

三重苦のヘレンケラーが、サリバン先生から手話を学び、言葉とものがはじめて合致して、「ウォーター」と叫んだという有名な話があります。甥もきっとそんな気持ちであったのでしょう。

甥は一般の一歳児と比べると、大人の言葉をよく理解して、物の道理がわかる子どもでした。そのため、「知識を詰めこみすぎているのでは？」「厳しすぎるのでは」と心配されることもありましたが、音感教育も物事の善悪を教えるのも、早期でなければならないことを確信していた私たちは、だれに何を言われても、親がしてくれたとおりを貫くことができました。

そんな妹が教えたがらないこともありました。それは音感の授業です。

甥は一歳から楽院のベビークラスを受けるようになり、二歳になると年少児に混じって音感の授業が受けられるようになっていました。

それでも、妹は甥のクラスだけは手を出そうとしませんでした。ほかの子どものよいところは認められても、自分の子となると「できて当たり前。音程が悪い。私が小さいころはもっとよくできた」などと、マイナス面ばかりが目につくと言うのです。

子どもを産んだことがない私は、おなかを痛めた母親ならではの感情に驚きながら、新鮮な気持ちで妹を観察したものでした。

継続は力なり

妹がわが子に「ぜったいにさせよう」と心に誓っていたのは、水泳でした。それには深い理由がありました。

私たちの母はカナヅチでした。そのため、いっしょに泳ぎにいくと、子どもの私たちのほうが不安な気持ちになったものでした。母は、「子どもが水難事故にあっても助けることができないから、自分で泳げるように……」と私たちに水泳を習わせたのです。

なかでも、妹はだれより早くレッスンを開始したのですが、「水が嫌い。先生が厳しい」と言って、毎週水曜日になると、隣近所にまで聞こえる声で泣いていやがったものでした。「一度はじめたものは、自信がもてるまで続けさせたい」。母は妹に根気よく話して聞かせていましたが、三番めの子どもはとても頑固で、あまりの抵抗に父のほうが「やめさせてやれ」と根負けしたのです。

ところが、今になって妹は、「ピアノの練習のさせ方も何もかも、姉兄に比べて自分に対しては厳しさが足りなかった。とくに水泳は、いやがっても続けさせてくれたら、人並みには泳げるようになったはずなのに……」との後悔があります。そのため、自分の息子は絶対に泳げるようにしたいと考えたようです。

水泳をはじめた甥は、かつての妹のように涙をこぼしていましたが、「本人のためになる」という確信があった妹は、顔色ひとつ変えずに通わせました。

継続は力なり。甥が幼稚園を卒園するころには、背泳、クロール、平泳ぎの三種目が二十五メートルずつ泳げるようになっていました。同級生のなかでは得意とまでは言えなくても、幼児としてはよく泳げるようになりました。そして、運動音痴の私たちのなかでは、甥がいちばん泳ぎ上手にちがいありません。

ひとりで電車に乗って

甥が幼稚園に入ると、「友だちにいじめられた」と情けない顔で帰ってくるようになりました。大勢の大人のなかであまり理不尽《りふじん》な目にあわずに育ってきた甥は、男の子同士の「たたかいごっこ」が苦手だったようです。心配した父は、楽院と同じ建物の中にあった合気道教室に通わせることにしました。ちょうど、五歳になったころでした。

一年ほど通うと、教室がひと駅先に移転することになり、母は年長だった甥に切符の買い方と地下鉄の乗り方を教えました。最初はいっしょに歩き、じょじょに甥を先に歩かせ、母はそのあとをついていったのです。そんな繰り返しののちしばらくすると、甥はひとりで地下鉄を使って往復できるようになりました。小学校に入れば電車を三本乗り継いで楽院まで通わなければなりません。その予行演習も兼ねていました。

一般に「ひとり歩きは危ない。誘拐されたら……」と心配する親御さんは多いはずです。それでも、親は一生、子どもを守りつづけられるわけではありません。大人が保護をすればばするほど、子どもは自分で考えて行動する習慣が身につかなくなります。

どうしても親御さんが不安を感じるなら、お子さんに見つからないように後ろをついて歩くのも、ひとつの方法です。最初は不安そうな様子を見せても、回数を重ねるにしたがって自信にあふれていくものです。お母さんが「これ以上は必要ない」と納得できるまで付き添ってください。もしかすると、お子さんから先に「お母さん、もうついてこないで大丈夫」と言われてしまうかもしれませんが。

甥も小学生になってすぐのころは、「今日もひとりで地下鉄にたくさん乗るんだね」と泣き言のような電話をよこしてから通ってきたものです。けれど、ちょっとくらい迷子になっても、看板を見て自分がどこにいるかを連絡し、指示を仰ぐことができました。文字の読み書きなど、それまでに与えた教育がひとりで行動する力となったのです。

地下鉄に乗る練習をして三年が経ったころには、路線図を見れば、どこからでも電車を乗り継いで家まで帰れるようになっていました。また、困ったことがあったら、よその人に訊ねて自分で問題を解決しているようです。

思えば、私も小学校一年生の夏休みにひとりで新幹線に乗って、名古屋の祖父母のもとへ遊びにいったのですが、高校を卒業してすぐに単身アメリカに渡ったのも、幼いころから親から離れて行動した経験があったからかもしれません。

ギャング、誕生

長男が少しずつたくましくなり心配が減ると、妹に新たな試練が与えられました。第二子を授かったのです。「この子はきっと私の言うことはきかないにちがいない……」。おなかのなかにいたころから、妹はそう口にしていました。

生まれてきた弟甥は、その予言どおりの子どもでした。その傍若無人な男の子らしさに「ギャングみたいでかわいいな。お母さんの子どものころに生き写しだ」と父はふところに入れてかわいがるのです。

その昔、妹を甘やかし、プールをやめさせ、ピアノの練習を無理強いしなかったのが父であったことを思い出した私は、弟甥には怖い伯母でありつづけようと決心したのでした。

弟甥と過ごして確信したことがありました。

それは、胎児のころから、大きな声で兄を叱る母親の声を聞いて育った第二子に怖いものはなく、長男のもつ繊細さは持ち合わせていないことでした。また、いい子にしていると誰も構ってくれないので、悪いことをしてでも注意をひくような様子が見られます。

小さなギャングは二番めらしい向こう気の強さと、子どもらしい愛嬌《あいきょう》を兼ね備えたかわいい子どもですが、身勝手な「オレ様ルール」を持ち、物を教えるのは難しいタイプです。それでも、持って生まれた気質を理由に私たちが教育をあきらめたら、妹と同様あとで恨まれるかもしれません。せめて、幼児期は兄甥と同じことができるように育てたいと思っています。

一番めに比べ子育てに手抜きが多い第二子ですが、強みもあるようです。それは兄には見られなかった運動や音楽に対する感覚のよさであり、これは努力では手に入らない天性のものです。

ふたりの甥は、それぞれ異なる長所と短所によって、私たちにいろいろなことを教えてくれます。何より、血縁関係にある子どもの存在は、世の「お母さん」の愛情がなぜ深いのかを理解させてくれるのです。

歌の力がもたらした効果

ふたりの甥に、「自分を守る武器になれば」、と生まれてすぐから教えているものがあります。木下式です。

これはわが家の家業であるため、本人が好む好まざるにかかわらず取り組ませていますが、最近、「音感をやっていてよかった」と兄甥の口から聞く機会が増えてきました。

それは、小学校の学芸会でただひとり独唱をする機会を与えられたことがきっかけでした。練習がはじまると、以前、甥に乱暴をした男の子が近づいてきて、「前にいじめたこと、ごめんな」と頭を下げたそうです。甥の自信に満ちた歌声がその子に反省をうながしたのかもしれません。

子どもの社会でも、争いやいさかいはあるものです。とはいえ、自分に自信がもてれば、問題が解決されることもあるのです。

何より本人が、友だちにはない「音感能力」をありがたいと思うようになったことは喜ばしいことです。楽院の生徒のなかでだれよりも父に近い存在である甥は、よその子に比べて何倍も厳しく指導され、時には手を出されることもあります。

それだけ、父が甥に愛情をもって真剣に向き合っている証拠なのですが、低学年の甥がそれを理解して感謝するのはもっとあとになってからでしょう。ですが、「じぃじが音感（木下式）を作ってくれてよかった」というのが、甥からの何よりの感謝の言葉だと私は思うのです。

5　いつくしんで育てるために

新しい命が誕生するとき、親御さんはどのような気持ちなのでしょう。

長いあいだ、おなかのなかで守ってきたわが子と、はじめての対面です。感激と希望、幸福に満ちあふれていることでしょう。

ですが、実際に赤ちゃんといっしょの生活がはじまると、身のまわりの世話に追われ、どのように育てていくか、何を教えるべきかまで考える余裕はないのかもしれません。ふと不安になって誰かに相談しても、「あなたたちの子なら大丈夫……」という漠然とした答えが返ってくることもあるでしょう。

私は大勢の子どもたちとつきあった経験から、三歳の子どもが十八歳に成長するまでがいかに速いか、そして、親がしっかりとした教育観や価値観を持ち、それを伝えていかないと、あとで子どもの問題行動に表われることを体験してきました。

「自分の子だからだいじょうぶ」と信じることも大事ですが、自分の子だからこそ、自分と同じように悩んだり、道を間違えたりして、親に心配をかけることを心にとめ、わが子の成長の一歩先を見て、子育てやしつけ、教育について考えていただきたいのです。


親戚のケンちゃん（仮名）に赤ちゃんが生まれたときのことです。私たちは、「音楽を聴かせなければ、運動もさせて……」と考えましたが、奥さんは「うちの子は天才でなくていい。ふつうで……」と感じたようです。けれど、私たちは知っていました。お母さんがいかに苦労してケンちゃんを育てあげたかを。

授業中にひとり校庭で遊ぶ子どもは、決まってケンちゃんでした。今の時代であれば、発達障害を疑われ、支援学級をすすめられていたかもしれません。それでも、お母さんはけっしてあきらめませんでした。ケンちゃんにできないことがあれば、できるようになるまで教えました。ケンちゃんは、二歳のころから難しい漢字を覚えたりして、けっして頭が悪かったわけではありません。しかし、理解の仕方がほかの子どもとは違ったのです。

たとえば、一桁の計算は問題なくできましたが、二桁に増えると「繰り上がり」が理解できなくなりました。お母さんは何度も説明しましたが、どうしてもわかりません。そこで、手近にあったお金を使って教えてみることにしました。すると、スラスラと解けるようになったのです。お母さんは「教えてもできない」とあきらめずに、「この方法では？」「これがダメなら、ほかの方法があるはず……」といろいろな方法を試みました。

お母さんの苦労は「ふつう」からはほど遠いものでした。

ですが、ケンちゃんは大学を卒業して就職し、自分の会社をおこすまでに成長しました。ケンちゃんが今「ふつう」に責任を果たしているとしたら、それはお母さんの努力の賜物《たまもの》だと思うのです。

親御さんが「ふつう」というとき、その基準は自分自身かもしれません。親が大企業のサラリーマンであれば同じ程度にはなる。親が医師なら医師、弁護士なら弁護士、先生なら先生になってやっと「ふつう」なのです。ですが、その「ふつう」は、これまで与えられた家庭環境、教育、人間関係、実体験など、さまざまなものによってつちかわれてきた結果なのです。

子どもは親と別人格であるため、どんなに力を尽くしても、親の予測どおりに育つものではありません。それでも、親しだいでよくも悪くも育つからこそ、子育てをする責任は重大なのです。

幼児期だからできること

私は仕事柄、幼児期の教育やしつけについてお話する機会があります。すると、「幼児期は本を読み聞かせたり、いっしょに歌ったり遊んだりすれば、あとは子どものありのままを受け入れるだけで、いい子に育つのではありませんか？」との疑問が寄せられます。

もちろん、親子で本を読み、歌い、体を動かし遊ぶことで、子どもの心を成長させるのはすばらしいことです。とはいえ、乳幼児期にしか発達しない機能があることも、忘れないでください。

脳生理学の研究によって、シナプスという「脳神経細胞の連結・配線」のほとんどが、幼いうちに活発に形成されることがわかってきました。シナプスの形成のプロセスは、生後、あらかじめ配線されたものを一度「刈り込み」、新たに生後体験の種類や量にあわせて再構築されるといわれています。二〜三歳の子どもにものを教えると、スポンジが水を吸うように物事を記憶していくのは、このシナプスを活発に構築しようとする時期であるからです。

一歳半から甥に与えた絵カードは、のちにカラフルな国旗カードまで発展しました。三歳になるかならないかのころには、百枚近くの国名を暗記していました。

一般に幼い子どもは、色彩の豊かなものが好きなものです。そして、大好きな母親が相手をしてくれることは、楽しい遊びであり、同時にシナプスの形成をうながすことになりました。

入園前の甥が国旗を言い当てる姿に、「こんな小さな子がすごい」と感心する人もいれば、「国旗など覚えてもすぐに忘れるから無駄だ」とか「どうせ教えるなら、学校の勉強に関係あることにすればいいのに」という人もいました。

大事なのは、何をどれだけ記憶させるかではなく、幼児期にシナプスを形成して、将来、有効にはたらく道すじをつけること。つまり、乳幼児期に教えた事柄を忘れてしまったとしても、それは無駄な訓練ではないのです。

ただし、いくら早期教育が好ましいと言っても、順序かまわずやみくもに学習させると、弊害が生じることも忘れてはなりません。

数年前になりますが、一歳のころから英語のフラッシュカードを与えられた幼児の目つきがうつろになり、病院で診察を受けた話がありました。医師から「すぐに勉強をやめるように」と言われ、指示に従うと、目の輝きは戻ったそうです。

これは、〝早期教育に警鐘を鳴らす〟という雑誌の記事として紹介された例ですが、乳幼児期の子どもの心を機械的に扱ったうえに、興味をもてない事柄を何時間も押しつけることは、百害あって一利なしなのです。

さて、甥が幼稚園に入って、「国旗カード」はその存在をしばらく忘れられていましたが、時おり確認すると、すぐに記憶がよみがえることがわかりました。何よりのごほうびは、テレビ画面に映る国旗の存在から、各国のニュースに親しみを持つようになったことでした。幼児期にたいせつなのは、成績をあげるための勉強ではなく、自分の頭を使って、想像力をはたらかせたり、自分から探求したり、希望をもって学ぶための素地を作ることだといえるでしょう。

手をかけなければ発達しないのに

私たちが言葉を話せるようになるには、二千時間、その言語を聞く必要があるといわれます。一日二〜三時間、言葉を聞き流して、最初の単語を発するのが約二年後、一歳後期です。ですが、たとえ母国語であってもそれを聞く機会がなければ、三歳を過ぎても言葉は出ません。つまり、日本人に生まれたからといって、だれもが簡単に日本語を習得できるわけではなく、口をきけない赤ちゃんのころより耳に入る言葉から、学んでいるのです。

しかもそれは両方向のコミュニケーションでこそ効果があり、忙しいからと、ビデオやテレビなど、一方通行の機械任せでは、発達不全を招く恐れさえあります。

最近、ある保育園で「言葉の遅れがあり、発達障害の疑いがある子が大勢います。音感教育にも支障があるので、どのように関わるべきか教えてください」と二十名の四歳児と対面したことがありました。

四〜五歳になる子どもたちは、ずいぶん大きく見えましたが、表情にとぼしく、三歳の甥を基準に考えると、たしかに発達の遅れを感じました。

私は子どもたちに、「お名前は？」「何歳？」など、二歳児の子にするような質問をしました。するると、自信のなさそうな声でしたが答えが返ってきて、少し安心しました。なぜなら、質問の意味を理解しているということだからです。

そこで、「何人家族なの?」「お父さん(お母さん)の名前は?」など、さらに踏みこんだ質問をしてみました。すると、急に口ごもりはじめたのです。「何人」という質問に答えるには数の数え方を知らなければなりません。また、家で「パパ」と呼ぶ子は、「お父さん」という呼び方が同じ意味かもわからないこともあるでしょう。なかには、「お父さん」や「お母さん」という呼称を名前だと思っている子どももいます。

子どもたちの理解力がとぼしいのは、彼らの責任ではありません。

生後、数カ月という小さなころから、朝から晩まで集団生活をして、夜は家に帰って寝るだけという生活のなかでは、一対一の言葉がけが充分とはいえません。

この子たちに必要なのは、四歳として必要な知識——身の回りのものの名称、家族構成、数の数え方——を心を許した特定の大人から愛情をもって教えられることです。年齢にふさわしい言語力や理解力がないまま、しつけや教育だけほどこしても、ほかの子との差は広がるばかりです。

結局、全員が自信をもって答えられたことは、保育園で日々、おこなっている、木下式の「音感かるた」に登場するキャラクター(シカ、うさぎ、カメ、ロボットなど)、そして色彩(茶色、紫、黄色、オレンジなど)でした。これは、「幼児期は反復したことが確実に定着する」というあかしです。

これからでもこの子たちと充分に関わる大人がいれば、身につく事柄はたくさんあるはずです。けれど、何もしないで放っておけば、発達に遅れがある子として扱われることもありうるのです。

赤ちゃんには言葉と運動を

お母さんには、お子さんを保育園や幼稚園に預ける前に、ぜひしておいていただきたいことがあります。

それは、たっぷりの愛情とスキンシップを与えること、充分な言葉がけをすること、そして、五感を刺激して脳の発達をうながすことです。

口をきかない赤ちゃんに話しかけることを負担に感じるお母さんもいるかもしれませんが、乳児期にお母さんが話しかけることが、シナプスを発達させるきっかけとなり、幼児音の防止となります。

「お母さんですよ」「おっぱいの時間よ」「おむつをかえようね」などの言葉がけを高めの声で

積極的におこないましょう。お母さんが声をかけると、赤ちゃんはその方向に目を向けるはずです。これが聴覚や視覚へのはたらきかけとなっていきます。

出産前から「テレビのつけっぱなしは赤ちゃんへの言葉がけが減ってよくない」と知っていた妹は、甥とふたりでいるときはテレビをつけない生活を心がけていました。

ですが、あるとき、甥が起きている時間もテレビをつけて生活したことがあったのです。数日経って気づいたのは、それまで「アーアー、ウウー」と喃語《なんご》（乳児が発する意味のない言葉）を発していた甥が、まったく声を出さなくなっていたことでした。

妹は驚き、ふたたび甥が起きているあいだはテレビをつけずに言葉がけをするようにしたそうです。こうした小さな変化は見つけづらいものですが、子どもの目を見て観察することで、いろいろな気づきがあるものです。

もうひとつ、忘れてはならないことがありました。動物の世界では自由に動けないことは生存競争からの脱落――死――を意味します。

人間も「赤ちゃんだから」と、ただ静かに寝かせておいてはなりません。自然に脳を発達させるためには、手足を使って、充分に全身を動かす機会が重要であり、その最初がハイハイです。

赤ちゃんがハイハイをできるようになるためには、お母さんが無理をしない程度に手足をもって、関節を曲げたり、伸ばしたりなどの働きかけをするのが効果的です。妹がこの運動を甥にすると、目がいきいきと輝いたものでした。

ハイハイで気をつけなければいけないこともあります。

それは、住宅事情によってすぐにつかまり立ちを覚えてしまうことです。親御さんも、ハイハイを省略して歩いたことを飛び級のように喜ぶ傾向がありますが、実は、充分にハイハイをした子のほうが、運動能力に長《た》けていたりするのです。二足歩行に移行するのは、大人が歩く早さで何メートルもハイハイで進めるようになってからが好ましいと言われています。

今でも地方では、一歳の誕生日に一升餅（一升分約一・八キログラムの餅を丸めたもの）を背中にくくりつけて、「もっと這《は》え、もっと這え」とはげます行事があるそうですが、人間の頭はとても重いので、その頭を首で支えるには筋肉を発達させる必要があり、そのためにハイハイが有効なのです。

昔から伝えられてきたことが正しいと証明されることが、最近よくあるように感じます。

泣くのが仕事といっても

赤ちゃんは泣くことによって、「おなかがすいた」「おむつがよごれている」「眠くなった」と知らせるものです。

言葉が話せるようになれば、泣いて訴える回数もしだいに減るため、「赤ちゃんが泣くこと」に神経質になる必要はないと思います。その一方で、昔から赤ちゃんを泣ききらせるとひきつけを起こすからよくないといわれてきました。これはアルカリ血症といって体液の恒常性が崩れる危険性を心配しているのです。

赤ちゃんが大声で泣きはじめたら、「暑いのね」「おなかがすいたのかしら」「よしよし」など、おだやかな声で心により添う言葉がけをしましょう。お母さんのやさしい声を聞くだけで、子どもは安心して泣きやむこともあるでしょう。また、泣きやんだら、「えらい、えらい」とやさしい声をかけましょう。

子どもは「お母さんが自分の気持ちを理解してくれている」と思うことで自己肯定感や愛着を

もつのですから。

叱る前に愛して、手をかけて、教えて

子育てにおけるお母さんのいちばんの悩みは、しつけができないことのようです。「しつけ」というと「叱ること」と考える人が多いのですが、それ以前にしなければならないことがあります。

それは、充分に愛情をかけて教えること——。

親から愛され手をかけられた子どもは、年齢相応の知識をもち物事を素直に学ぶ素地があります。しかし、大人に手をかけられたことがないと、知らないことが多くて大人の言葉に興味をもてないのです。

よく「うちの子は言うことをきかない」というお母さんに出会いますが、そういう人にかぎって、口うるさいばかりで、丁寧に説明したり教えたりをしていないと感じます。

大好きなお母さんから何も教わっていないのに、「なんで、あなただけできないの」と叱られ

たり、「ダメな子ね」と乱暴な言葉を投げつけられると、子どもはもっと反抗的な態度を見せるものです。

できないことを叱るのではなく、「どうしたらできるようになるか」を考え、手取り足取り教える気持ちがたいせつです。

「かわいくない」「いうことをきかない」と子どもを責める前に、親御さんもまた、自分の子育てを反省する必要があるのかもしれません。

最近、わが子の育児を放棄したり、虐待する親が増えています。これは、親自身も子どものころ、愛されずに育った結果なのかもしれませんが、子どもは「かわいい、かわいい」と愛情をかけるからかわいさを見せることを、忘れないようにしたいものです。

幼児は、一度や二度、口で言われたのでは、理解しないのがふつうです。何度でもあきらめずに、繰り返し教えることなのです。「何がよいことで、何が悪いことなのか」の基準を教え、そのうえで、よいことをしたらやさしい声で「おりこうね」。悪いことをしたら、少し強い声で「それは、ダメよ」。いけないことをやめたら、「しなくてえらかったね」と声に表情や抑揚をつけ、雰囲気から感情を伝えましょう。

お母さんのなかには、「子どもを叱ったらストレスになる」と心配する人や、「子どもに嫌われたくない」「幼児のうちは、子どもに納得してほしい」「子どもの心を受け止めれば時期が来て自然によくなる」と考える人もいるようです。

ですが、感情にまかせて怒鳴ったり、脅かして言うことを聞かせるのではなく、労を惜《お》しまず、愛情をもって叱るなら、子どもはけっして親を嫌ったり、ストレスを感じたりはしないものです。たいせつなことは一度できっぱりと叱ること、親の心がぶれないこと、そして、子どもに反省をうながして行動をあらためさせたら、子どもを許して受けいれることです。

ある日の食卓のできごとです。

三歳の弟甥が「魚なんかイヤ！」と言って小さなかけらを床に落としたのです。妹はそれを見逃さず、とても怖い顔で甥をにらみつけ「そんなことをする人は食べなくていい」と叱りました。一般のお母さんなら、「なんとか食事をさせたい」と考え、「お魚が嫌いならほかのものを出してあげるわ」とご機嫌とりをするかもしれません。しかし、妹には、食事をさせるよりも大事なことがありました。

それは、食べ物を粗末にしないこと、そして、食事を用意した人への感謝です。こうしたことを理解せずに食事だけさせても、その子に正しい心の栄養は与えられません。

甥はしばらく私の膝で泣いていましたが、空腹に耐えられなくなり、「やっぱり食べる」と言いだしました。「それなら、お母さんに、ごめんなさいをしなさいね」と私も助け舟を出しました。

「ごめんなさい」をすると、さっきまで怖い顔をしていたお母さんの顔が少しおだやかになり、甥を抱っこで受け止めました。そして、「自分が食べたいものじゃなくても、食べ物を投げたりしてはいけないのよ。ちゃんと食べようね」とやさしく、しかし、毅然《きぜん》とした声で言い聞かせていました。

子どもが謝ったら、大人がいつまでも責めるのは得策ではありません。謝っても叱られるなら、いやな思いをしてまで「ごめんなさい」をする意味がなくなるからです。

親がぶれないというのは、子どもにとって、そのとき何がいちばんたいせつかを見極めることであり、「ごめんなさい」は仲直りの魔法の言葉であってほしいものです。

ルールが秩序を作る

木下式には音感教育をおこなううえで、「先生の目を見て話を聞く」「背筋を伸ばして、手は指先までピンとする」「やるべきことをやる」などの約束事があります。

これを守っていないと、レッスンのあいだに、目線をこちらにむけるように、指先を伸ばすように、指を使ったジェスチャー（ハンドサイン）で教えます。

少し強めの声で「目を見る！」「手はピン！」などと注意することもあります。子どもはすぐに直しますが、また、モゾモゾと動きだしたり、ほかを向いたりしてしまいます。

同じことでも、何度でも注意を与えることで、いつしか幼児たちに約束事を徹底させることにつながります。こうした対応を厳しいと感じる人もいるかもしれませんが、ルールがあるほうが秩序を保てるのです。

自由保育の幼稚園に通う四歳のやすのり君（仮名）が、ある日パズルに熱中していると、クラスメートからちょっかいをかけられました。邪魔をされたと思ったやすのり君は、かんしゃくを起こして相手に手を出し、問題になってしまいました。

お母さんは、「この子は本当はいい子なんです。みんながルールを守る場所ならけっして人に手を出したりはしません」と悲しそうです。

私たちも、やすのり君が小さな子と譲りあって、本を読んだり、パズルをしたりするやさしい面があるのを知っています。反面、自分の意にそわないことがあると絶対に譲れない頑固さがあるのも事実です。

子どもの世界にも大人の社会にも、秩序を守らない人間は存在します。

相手が悪いからと言って、そのつど手を出して傷つけていたら、社会では犯罪者になってしまいます。今、見逃したら、将来、やすのり君が問題に巻きこまれることがあるかもしれません。

「お友だちは、やすのり君といっしょに遊びたくて、パズルの邪魔をしてしまったのかもしれないね。そういうときは、『ぼくは今パズルをしているから、あとにして』と言葉で言おうね。どんなに気にいらないことがあっても、いきなりかみついたり、ひっかいたりはしてはダメよ」。そんな言葉をかけたいものです。

同時に、たとえ「自由にのびのび」をうたう幼稚園であっても、「友だちと譲り合うこと」「人の邪魔をしない」「気にいらないことがあっても人に手をあげない」などのルールは大人が教えるべきだと思います。子どものための「のびのび」が、無秩序な無法地帯になったのでは、好ましい保育環境とは言えないからです。

幼児にルールを教えたり、お説教をすることを、「幼児だからまだ早い」「どうせ理解できない」と考える大人が大勢います。しかし、私たちは、大人らしい態度で、子どもを正しい道へ導く責任があるのです。

三つ子の魂百まで。幼児期に身につけたことこそ、その人の価値観の根幹となるのですから。

6　子どもたちが教えてくれたこと

幼児期、児童期の環境や大人の態度から誤学習をしたことが、のちに問題行動の原因になる。卒業してからも、わが家に遊びにきたり、電話をかけてくる卒業生たちから、私はこのことを教えられました。

「経済的に問題がなければ、わが子が喜ぶものはすべて与えたい」となんでも子どもに買い与える親御さんは多くいます。しかし、お金の価値やしくみを知らず、自分で稼ぐ力もない子どもに、浪費だけ教えるのは好ましくないと、私は思います。

少額のうちは、「子どもが望むのだから……」と受け入れても、払えないほどの高額になれば、「わが家にそんな金はない」と突きはなすことになります。

ですが、たとえ何歳になっていても、急に突きはなされたら、子どもはそれを受け入れられません。なぜなら、長年、親が願いをかなえることが当然と思って育ってきたからです。

二〇一一年、三十歳の引きこもりの男性が、インターネットのオークションで父親のカードを使い、数百万円もの借金をしました。父親がネット接続料の支払いを止めると、怒った息子は一歳の幼児を含む、一家五人を殺害するという事件を起こしたのです。もしかするとこの犯人も、子どものころから理性によって欲求を抑制する経験がなかったのかもしれません。

心からわが子を思うなら、ときには「与えない愛」もあるのです。

子どもに断念を教えることも教育です。がまんしたあとに手に入った喜びは大きいですが、がまんせずに手に入れたものには、喜びも感謝もありません。

わが子を勤労意欲のない金食い虫に育てないためにも、与えるべきは愛情であり金銭や物品ではないことを忘れないようにしたいものです。

世のなかには、「愛情を与えること」と「わがままを容認すること」を混同する人がいますが、愛情と甘やかしはまったく別のものです。

真に愛情にあふれた子どもを育てたいと思うなら、子どもをよく観察して、愛情をもって受けとめるべきときか、厳しさをもって取り締まるべきかを、よく見極めなければなりません。

親自身が強い信念をもちブレないこと

子育てをするお母さんには、他人の噂や巷《ちまた》の情報に左右されるのではなく、自分の考えをもっていただきたいと思います。

お母さんのなかには、「子どもは叱るほうがいい」と聞くと急に厳しくなり、「叱ると子どもが萎縮する」と聞けば急に叱るのをやめ、どこかでまた「叱ることも愛情」と言われれば叱りはじめる、そんな人がいます。

はたから見ると、とても支離滅裂で、これでは、子どもの情緒が不安定になったり、親に不信感をもつようになっても不思議ではありません。

子どもは適切に表現する国語力がないため口にこそ出しませんが、とても洞察力にすぐれています。

たとえば、ふたりきりだと恐ろしい形相で怒るお母さんが、よその人がいると別人のようにやさしい声を出したとしましょう。

他人がいれば叱られないことを見抜くと、子どもは人がいるときに悪さをして、お母さんだけのときはよい子のふりをするでしょう。これは、親御さんに裏表があることに、子どもが気づいたあかしです。子どもに「いつもよい子でいてほしい」と求めるなら、大人がまっすぐな姿を見せたいものです。

親が子育てに一本筋を通すために参考にすべきなのは、「自分が両親にどのように育てられたか」「どのような環境を与えられたか」ということです。両親の考えや教育観、しつけなどを思い出してみましょう。

いっしょに子育てをするパートナーがどのように育てられたかもたいせつです。それぞれ違う家庭で育ったのですから、価値観や考え方に違いがあるはずです。そのなかでおたがいに調整しながら、新たな世代に合わせた教育観としつけを考えてください。

もし、自分が受けた教育に嫌悪感があるなら、その理由も考えましょう。

ただし短絡的に排除するのはいいことではありません。なぜなら、現在の自分は親から受けたいやなことも含めて形成されているからです。

なかには、「親は何もしてくれなかった」「まったく記憶にない」という人もいますが、子育てでは子ども時代に思いを馳せ、親に感謝したり、自分の未熟さを反省しながら取り組まないと、自分の願いばかりの身勝手なものになりがちです。

人はみな、助けたり助けられたりして生きているものです。そして、それは子育ても同じです。「自分とわが子」のことだけを考えるのではなく、親兄弟をはじめ、いろいろな人の力も借りながら、柔軟に子育てをしましょう。

お母さんの信念と責任はたいせつですが、ひとりですべての責任をになうと、そのストレスから子どもに好ましくない影響を与えることもあるのですから。

だれのために勉強をさせるのか

いやがるわが子を音感のレッスンに通わせるために、毎週ミニカーを買い与えたおうちがありました。お金を払ってでも勉強させたいという気持ちからでしょうが、三歳のその子はすでに「お稽古をしてあげたから、買ってもらうのが当然」という横柄《おうへい》な態度を見せていました。

じつは、これは大きな問題です。近い将来、「学校に行ってあげるから」「塾へ行ってあげるから」「仕事をしてあげるから」とお金を要求するかもしれません。

卒業生のなかには、親御さんの「学校に通ってほしい」という気持ちを逆手にとって、さまざまな欲求をかなえた子もいます。

私が親なら、「学校になど行ってくれなくて結構！　だれのために勉強しているの？　すぐにやめて家を出て働きなさい」と言い渡すでしょう。子どもはごねても得にならない相手にはごねないので、すぐに学校に行くはずです。万が一、本当に学校をやめて自活の道を見つけられるなら、親に依存しない強さがあり、将来、大物に育つ見込みがあるかもしれません。

勉強もお稽古も、親や先生のためにするものではありません。そのときはつらくても、いつか自分の役に立つときが来るから取り組むのです。

これをはき違え、親のために学校に行っていると思わせたらたいへんです。たとえ卒業証書は持ち帰っても、自分の人生をみずからひらく能力はなく、一生、親が面倒を見なければならなくなるからです。

子どもに誤った認識をさせないためにも、親御さん自身が「なんのために子どもに学ばせているか」を常に自問自答する必要があります。

また、わが子の説得には、「みんなもしているから」は通用しないため、それぞれの家庭ならではの理由を考えておきましょう。

親だからこそわが子に期待を

最近、わが子に「なんの期待もしていない」「ふつうでいい」という親御さんが増えてきました。

過剰な期待をして子どもを追い詰めてはいけないという配慮かもしれませんが、周囲の子が期待されてがんばるなかで自分だけ期待されないと、「愛されていない、自分に価値がないのでは？」と寂しい気持ちになるものです。

親ばかでもよいのです。「私の子どもだからできる」と信じる愛情が、子どもの能力を引き出します。

人間にとっていちばんつらい所業は、無視をされることです。わが子に期待しないことは、子どもの可能性を無視しているように、私には思えるのです。

幼児期は、愛する親が期待してくれることが、大きな意欲につながります。

とくに男の子の能力を伸ばすか否かは、お母さんしだいです。

今から十五年ほど前のことですが、こんなエピソードがありました。楽院では音感教育を開始後、歌唱力、聴音能力、読譜力が備わった子どもから、ピアノのレッスンをはじめます。子どもたちも「誰からはじめさせてもらえるか」と興味津々《しんしん》です。そんななか、ひとりだけ不真面目な態度の男の子がいました。

あとから知ったのですが、当時、お母さんは、「優秀でなくていい。人並みであれば……」、そう思ってわが子に接していたそうです。そのため、せっかくピアノのレッスンを許可されても、「ピアノの練習は親も苦手だったので、開始はなるべく先に伸ばしてほしい」と言われました。「私の子だからがんばって」ではなく、「私の子だからできなくても仕方ない」と、子どもの能力を過小評価して、あまり練習するようにうながしませんでした。

高校生になったその子は今になって、「どうして無理にでもピアノの練習をさせてくれなかったの？　嫌がってもやらせてくれていたら、もう少し弾けるようになっていたのに」と文句を言うそうです。

親の期待が子どもの能力を押しつぶしてはいけませんが、期待されないと「期待されたい」と思うのが、子どもなのです。

愛があれば叱ってもだいじょうぶ

「自分は父親にたいへん厳しくしつけられた。だから、わが子のことは絶対に叱りたくない」。面接で、こう言われたお父さんがありました。周囲の人に気づかいができる育ちのよい紳士だったので、私はとても驚いたものです。

なぜなら、この立派な姿こそ、親に与えられた環境によって生まれた姿だと思ったからです。

当時二歳になったばかりの娘さんは、「蝶よ、花よ」と育てられ、愛情も物も教育も充分に与えられていました。ただし叱られずに育ったため、お母さんが子ども連れで電車に乗ると、「そんなしつけの悪い子どもを電車に乗せるな!」と怒鳴りつけられることもありました。このままでは希望する幼稚園に入れそうもありません。「親にはできないしつけをしてほしい」。そんな理由から楽院の門を叩いたのです。

私はこのお父さんに、「叱ること」も親の愛情であることをお話しました。

子どもに悪意はなくても、知らず知らずのうちに悪さや危険なことをするかもしれません。放っておくと、その子は一生、していいこと、悪いことを知らないままです。

子どもは叱られるべきときに叱られれば、傷つくことはありません。

ですが、叱られた理由が理解できなかったり、大人から不当な目にあわされたと感じると、うらんだりすることがあるのです。

お母さんのなかには、子どもが悪いことをすると、「あのときもこうだった、このときも……」とそれまでの悪事を羅列《られつ》する人がいます。

ですが、そうした叱り方では、幼児が「何を叱られているか」を理解しにくいのです。

たとえば、「ジュースが入ったコップを割った」とします。子どもは、お母さんの怖い声によって、自分が失敗したことは理解していますが、怒られている理由は明確にはわからないものです。ジュースをこぼしたからなのか、コップを割ったからなのか、その両方なのか。

じつは、叱っているほうも「何度も注意しているのに、私のいうことを聞かない」と思っているかもしれませんし、わが子が割れたガラスに近づかないように声をあげたのかもしれません。

ですから、必ず言葉で説明する必要があるのです。そのときは理解できなくても、それがいつか自分の感情や他人の感情を理解する役に立つからです。

叱ったあとは、子どもが失敗を取りかえすチャンスも大事です。

基本は、「ごめんなさい」と言葉で言うことから教えます。最初は意味もわからず、ただ「ごめんなさい」と口にするだけでも、こぼしたジュースをいっしょにふくことで「悪いことをした」と反省の気持ちが芽生えるかもしれません。

あくまでも、反省をうながすことが目的なので、いやがらせでつぐなわせないことが大切です。親御さんに「意地悪をされている」と思うと、反省より反抗的な態度を見せるものです。

子どもが謝ったらいつまでもひきずらず、大人は関係修復を図りましょう。「これからは気をつけてね」と、憎くて叱っているのではないと相手にわかるように、おだやかな声で、最後はギュッと抱きしめるのもよいでしょう。

おたがいに不愉快な気持ちで同じ空間にいるのは、好ましくありません。だれにでも失敗はありますが、そこから立ち直る方法を教えるのも、「叱ること」のなかに含まれているのです。

よその人に愛される育て方を目標に

わが家に少女をあずかっていたころ、中学生になった卒業生のシンヤくん（仮名）が遊びにくるようになりました。

いっしょに行動してわかったことは、「他人が怖くて口を聞けない」ということでした。せっかく合格した私立中学でも親しい友だちができず、遊び相手はもっぱら小学校時代の友だちでした。幼いころは、お母さんの携帯電話を使って、「もしもし、シンヤです。車が混んでいるのでお稽古に少し遅れます」と、おしゃべり上手だった子の悩みに、私のほうが驚いてしまいました。

私は小さな子どもに口上を教えるように、「お水をいただけますか?」「スプーンがありません」「メニューをください」とよその人と口がきけるように練習させたものでした。しばらくすると、学校に親しい友だちもでき、あまり顔を見せなくなりました。

これは家庭で教えるべきことを教えないと、子どもは知らず知らずのうちに失礼な態度が身につき、学校や社会で適応できずに苦労するという例かもしれません。

親が与える影響は大きい

さつきちゃん（仮名）は愛らしい容姿の女の子でしたが、大人が何か指示するたびに、「なんで？　いやだ」と口答えする子でした。

今考えると、三歳になる前から難しい勉強を強制され、言うことをきかないと叱られるなど、大人に対する不満が生意気な態度に表れていたのかもしれません。年齢を重ねるにしたがってどんどん素直でなくなっていきました。

そんなさつきちゃんを、お母さんは反対言葉で導きました。たとえば、夏休みに田舎のおばあさんのところに行くときには、「さつきは来なくていいわよ」と声をかけるのです。すると、「なんで？　行く」。こうして家族は予定どおりの行動ができたのでした。

しかし、さつきちゃんは、お母さんと反対の意見を選択してきただけで、自分にとって最良の答えを考える習慣がないまま、大人になってしまいました。

現在、自分にとって何が適切なのかを、お母さんの意見から離れて考えることを学んでいます。

成績より人間性を優先して

子どもが学校に通いはじめたら、親御さんのいちばんの心配は、成績のよし悪しと、先生の評価でしょう。

ですが、成績がいいだけで安心はしないでください。たとえば先生から、「成績はいいが、授業中に騒いでみんなに迷惑をかける」と言われたとします。たいていのお母さんは「成績がいいこと」に満足して、他人に迷惑をかける部分は軽く考えてしまいます。

ここに大きな落とし穴があるのです。それは、どんなに成績がよくても、他人に迷惑をかけて平気な子どもは、のちに社会のルールに反する問題を起こす可能性があるからです。

昔の日本の教育は、誠実に物事に取り組む、自分の責任を果たす、卑怯なことをしない、他人の役に立つなどの精神性を大事にしました。しかし今の日本は、人間性より成果、努力より結果、そして、何より利益を重視します。

子どもの社会でも結果ばかりを求めるのは、大人の社会の鏡なのかもしれませんが、私たちが本来もつ美徳や良識を取り戻さないかぎりは、子どもを取り巻く問題は解決されないのかもしれません。

役目をまっとうする人間を育てる

人間はそれぞれ、能力も特技も個性も違うものです。

勉強ができて尊敬される子もいれば、運動が得意でいちもくおかれる存在もいます。音楽で自分を発揮する子もいれば、美術が得意な子もいるでしょう。また、人間的なやさしさや思いやりが評価されることもあります。

それぞれのよさを認め合って成長させるためには、大人が表面的な結果のみに価値観を見出してはならないと思います。

楽院の小学生が所属する合唱団は、三つのパートに分かれハーモニーを聴かせますが、親御さんのなかには、「第一声部でなければいや」という人もいるようです。

少人数でたいせつなメロディーを担当する「第一声部」の子どもたちはよく目立ちます。しかし、重要な役割だからこそ叱られることも多く、脚光を浴びるためには、人の何倍もの責任や努力が伴うことを、子どもたちは学んでいます。

また、「与えられた責任を果たす」という点では、どこの声部を担当するかは関係ないのです。美しいメロディーを奏《かな》でる第一声部に対して、メロディーと異なる旋律を担当する第二声部は、最大限音感能力を駆使しなければなりません。第三声部はさらに低音から支えます。どこの声部の音程がくるっても、美しいハーモニーは成立しません。三つのパートは、家にたとえると屋根、柱、土台なのです。

卒業生のなかで目に見える活躍をしている人でも、じつは、合唱団の在籍中は特別には目立っていたわけではありませんでした。ただし、音楽でも勉強でも日常でも、自分の果たすべき責任をまっとうし、努力できる人でした。世界的な指揮者となった山田和樹先生もそのひとりです。

これは、一過性の目立った結果よりも、与えられた責任を地道に果たすことを教える重要性を意味しているのです。

7　教育の現場で起きること

過剰な平等教育

父が木下式を考案したのは、四十年以上前のことです。以降、世の中がどう変わろうと、わが家は同じ教育観と信念を貫いてきました。

しかし、公立の小、中学校に通った私は、学校の先生が教えることと、父の言葉のギャップに常に違和感を覚えていました。そしてそのギャップは、大人になった今、教え子たちの話を通して、ますます強くなっています。

たとえば、「学級委員になれない子がかわいそうだから、学級委員制度を廃止」「もらえない子がかわいそうだから、バレンタインは禁止」「一等になれない子がいるから、徒競走は全員で手をつないで走る」などが話題にあがるたびに驚かされました。子どもたちが社会に出たら、平等なことなど何ひとつありません。

「社長になれない人がかわいそうだから、社長は必要ない」「総理大臣になりたくてもなれない人が気の毒だから、総理大臣は廃止」。社会の出来事に置き換えればいかに奇妙なことかがわかるでしょう。

将来、人の上に立つ人間を育てるためには、子どものころからリーダーとしての責任を経験しておく必要があります。平等の名のもと、能力のある子に力を出さなくていいと言ってしまったら、将来リーダーになれる人材はいなくなってしまうかもしれません。

勉強が苦手でも運動なら力を出せる。そんな子が運動会で一位になれないとしたら、子どもは何を目標にがんばったらいいのでしょう。子どもが傷つくことを恐れて、他人との違いや能力の差を隠されたら、どうやって自分の個性を知ることができるのでしょう。

できないことがあっても恥ずかしくない。つとめを果たさずとも平等に扱われ、人権が守られるのが当たり前。努力をしても、しなくても同じ結果なら、だれもが努力をしなくなります。そんな環境で育てられた子どもが、大人になって社会に出て、はたして社会人としてのつとめを果たせるでしょうか。

子どもを花にたとえると、春咲く花もあれば、夏咲く花もあります。それなのに、春に咲かない花がかわいそうだから、夏に咲かない花がかわいそうだから、小さい花は大きい花に比べてかわいそうだから、とみんなでひらくのをやめたら、この世界に花はなくなり、とてもさみしいことになるでしょう。

花をひらかせるために、手をかけ教育するのですから、いつ咲こうがどんな花であろうが、いっこうに構わないはずです。それでこそ、真の個性尊重ではないでしょうか。

先生も親も成長しなければ

学校教育に平等がはびこると、「モンスターペアレント」が出現するようになりました。誤解を恐れずに言うと、モンスターペアレントを作りだしているのは現行の教育でないかと思うこともあります。

先生のなかには、教育者としての責任を果たすより「問題を回避すること」に長《た》けた人もいて、わが子を心配する保護者が説明を求めたくなるような事件も多くあります。

また、残念なことに、先生同士にも悪平等が存在するのです。

たとえば、すごく情熱がある先生がいて、保護者からの信頼も厚く、子どもたちの成績もぐんぐん上がったとします。近所でも、「あの学校はいい先生がきて、子どもが変わった」と評判です。すると、ほかの先生から、「あまり一生懸命がんばらないでください。ほかのクラスの生徒が〝不公平だ。あの先生のクラスになりたい〟といって騒いでいます」と反発が起きたりするのです。教える大人が教育のレベルを下げる姿を見せて、子どもにだけまっとうに育てというのは無理な話です。

とはいっても、保護者は「先生と生徒」の関係に立ち入り、力を振りかざすべきではないと思います。教える先生と習う生徒の立場を対等にすると、子どもは先生を尊敬することをやめ、おとしめる原因を見つけだすようになるからです。

世のなかに尊敬できない大人は大勢いるかもしれません。だからといって、それを子どもが努力しない理由にさせてはなりません。何もできない若輩者《じゃくはいもの》が大人をばかにしていると、いつかそんな大人のひとりになってしまうかもしれないからです。

学校は、それぞれの家庭で自分中心に育った子どもたちが社会性を学ぶ場です。わが子の思いだけが通らないことは、子ども以前に保護者が理解しておく必要があります。また、子どもが外の社会で困らないためのしつけや教育は、家庭にも責任があることを忘れないようにしましょう。

集団のなかで個をはぐくむ

世の中の平等主義は、木下式を実践する幼稚園にも影響を及ぼしています。なぜなら、指導する教諭が特定の子どもの名前を呼んでほめたり、注意したりすることを避ける傾向が出てきたからです。

グループのなかで、「よい子」をお手本にすることは、ほかの子にも「自分も真似てみよう」と思わせるプラスの効果があります。反対に「他人のふり見てわがふりなおせ」で、注意される子どもを見て反省する子もあり、これが木下式の集団授業の強みなのです。

集団だからといって個々の能力を軽視しているわけではありません。個々人の能力が向上しないと、グループの能力はけっして高まらないからです。男女、個性、能力にかかわらず、一人ひとりがもつ能力を最大限引き上げるために、一人ひとりをほめたり注意することが必要なのです。

学校などの集団では、中間の子を基準に授業を進めますが、木下式では手のかかる子にいちばん時間をさくことで、平均的な能力を向上させます。そのうえで、能力が秀でた子どもは、東京の音楽祭で独唱や聴音書き取りを披露する機会を与えられるため、リーダーとなる子どもも育っていくのです。

できない子がかわいそう?

ある中学生の少年がサッカー部に入部すると、Jリーグのコーチが指導に来て、「リフティングを二百回できない人は、部から去るように」と全員に言い渡しました。子どものころから大好きだったサッカーを「やめさせられてはたいへん」と、少年はお父さんに相談しました。

当時、働きざかりだったお父さんは、毎晩、遅くまで仕事をしていましたが、少年のために毎朝早起きをして、出勤前にリフティングの練習につきあうことにしたそうです。初日は十五回弱からはじまり、最初の難関は五十回でした。四十八、四十九……と近づくのですが、なかなか超えられません。練習を重ね少しずつ力を蓄え、ある日、五十が克服できたのです。それを越えると、九十八、九十九……。百の目前までは加速がつきます。しばらく努力をすると、また加速がついて百五十の壁の目前までできるようになり、どうにか期限内に二百回のリフティングが可能になりました。

数週間の特訓でしたが、自分のためにつきあってくれたお父さんの姿は、深くこの少年の記憶に残ったことでしょう。

じつは、これは今から十年前の話です。この父子の偉いところは、コーチの言葉に素直に耳を傾け、親子で努力して不可能を可能にした点にあります。

今の時代に「二百回できない人は退部」と口にしたら、まず保護者から「ほかにすることがあって、リフティングにばかり時間はかけられない」「できない子どもがかわいそうだから、そんな課題を与えないで」「リフティングとサッカーは関係ない」「やらせたいならコーチが時間を作って練習させてください」などのクレームが出ることでしょう。学校に「理不尽なコーチを辞めさせて」と直談判《じかだんぱん》する保護者もあるかもしれません。学校側も「そんなに一生懸命に指導しなくても……」とコーチを指導するかもしれません。

本来、物を習うということはプロの技術を盗ませていただくことであり、師の言葉に耳を傾け従うことは当たり前のことです。理不尽であろうが、真摯《しんし》に受け入れることが、上達の早道です。最初から「ぼくは二百回できないからダメだ」とあきらめる子どもは、どんなにすばらしい技術をもっていても、取り組み意欲に欠けていて、教え甲斐がありません。反対に最初はできなくても、努力して「二百回できるようになった子ども」は、コーチの熱心な指導についていく、伸び幅のある子といえるでしょう。

最近さまざまな場所で、「できない子どもがかわいそう」という言葉を耳にします。しかし、いちばんかわいそうなことは「できるようになるための努力」を最初から放棄させることにあるのではないでしょうか。

いじめの問題は大人にも責任がある

子どもが大勢いれば、必ず争いごとは生じるものです。はたから見ると些細な問題でも、わが子がいじめられたとなれば親御さんには大問題でしょう。

数年前、恒例の夏合宿から戻った翌日、一本の電話がありました。はじめて合宿に参加した一年生のタッちゃん（仮名）のお父さんからでした。「息子が合宿でいじめられました。方針を示してください」とのことでした。なんでも、二年生のシンジくん（仮名）が中心になってタッちゃんを押入れに閉じこめたというのです。

私はこのお父さんにこんなお手紙をお送りしました。

タッちゃんが、合宿中、いやな思いをされたとのこと、申し訳なく思っております。子どもたちは、それぞれの家庭で親御さんからたいせつに育てられています。そのため、時としてわがままのぶつかり合いも生じるものです。そのつど全員に「他人を傷つけてはいけないこと」「身を守るためには自分の責任を果たすこと」などを話しています。

子どもたちは友だちが悲しんだり叱られたりする姿から、他人の気持ちをおしはかったり、反省することを覚えます。こうした経験が社会に出てから、ストレスに負けずに協調するもとになると考えています。タッちゃんもがまんせず、私たちに「相談する勇気」があれば、子どもたち全員で考え、たがいに理解しあう場を与えられたかもしれないと、たいへん残念に思います。

合宿中は行事が盛りだくさんであり、子どもだけで自由に行動する時間はほとんどありません。「押入れに閉じこめられて……」ということがあったとしても、それは何分かのことであったと推測します。「いじめ」を肯定するつもりはありませんが、子どもが大勢いると、「いじめた」「いじめられた」のいさかいは必ず起きるものです。子どものころに他人とのいさかいを避けるコツを学ぶことも、合宿の役割だと思っています。今後タッちゃんをいじめられっ子にしないためにも、ご両親にタッちゃんの教育について考えていただくよい機会ではないでしょうか。

タッちゃんは頭のよいお子さんですが、気弱な面があり、つらいことがあると涙に逃げてしまいます。子どもの世界では、責任を果たさないと足手まといとしてうとまれることもあります。いじめられないためには、自分の弱さを克服して、何かひとつ自信がもてることを作り、いちもくおかれる存在になることもたいせつです。

いじめから子どもを守るということは、親が子どもの社会に立ち入って手を出すことではなく、自分で問題を解決できる子に育てること——これが楽院の考え方であり、方針です。合宿においての全児童の責任はおあずかりする私たちにあります。そのため、相手のご両親には、謝罪をお願いいたしませんことをご理解ください。

さて、この話には後日談がありました。

夏休みが終わり、シンジくんがお稽古にやってきました。私は怖い声で「合宿でタッちゃんのことを押入れに閉じこめたんだって？」と聞きました。

すると、シンジくんは素直に「はい。閉じこめました。でも、ぼくも言ってもいいですか？最初にぼくたちのことを蹴ってきたのはタッちゃんで……」。目に涙をためて反論します。

驚いたのは、タッちゃんでした。相手にも言い分があるなど想像もしていなかったからです。

「蹴られたからといって、大勢で閉じこめたら、年上のシンジくんがひきょう者になるのよ」。

「タッちゃんは、お友だちを蹴ったのは覚えているの？」

コクンとうなずくタッちゃんの姿がありました。

「じゃあ、おたがいに悪いんだから、ごめんなさいをして、仲直りをしなさいね」

子ども同士のいさかいは、双方に愛情をもって接すれば、些細なことばかりです。しかし、どちらかいっぽうの肩を持って過剰に反応したり、見なかったふりをすると、さらなる問題に発展することもあります。

それぞれの家庭でたいせつに育った子どもたちは、もめごとやいさかいを通して異なる価値観を学んでいます。神経質になることなく子どもを観察して、問題があったら適切なアドバイスを与えましょう。

男女は同権でも、同質ではない

この二十数年、子どもたちと関わって、なぜ昔の人が「男は男らしく、女は女らしく」と言って育てたかがわかるようになってきました。

それは、幼児期の子どもたちが真逆の特性を持っているからです。男の子は繊細でやさしく、女の子は強くたくましいのです。最近はそれがますます顕著になり、足蹴りをするのが女の子で、キャーと言って逃げるのが男の子です。

気弱な男の子に「泣いていいのよ。男女は平等だから」、女の子に「平等だから、なんでも同じことをしなさい」と育てると、男の子はもっと情けなく、女の子はもっと強くなるでしょう。どんなに男女が平等でも、同質ではないのです。生まれもった違いを考慮せずに、平等に育てることが、男の子の能力を下げてしまうようで心配です。

幼児期の女児は、真面目で意欲的で、周囲の様子を見て学ぶ器用さがあります。

反対に、男児は、女の子の倍、大人が手をかけて、やっと女の子についていけるようです。理解の仕方が男女は異なるため、同じ教育ではどうしても男児に支障が出るのです。

ただし、男の子は目覚めると、ひとつのことに没頭する集中力があり、これは「女の子ではかなわない」男の子の長所となります。

長年、日本経済は、ひとつのことに打ちこむ男性によって支えられてきたのだと、私は思っています。特性が違う男女がたがいに幸せになるためには、それぞれの長所を生かす教育も大切にしたいものです。

過剰な情報のなかで育つ子どもたち

平成十四年、日本では「急進的性教育」が広がり、中学三年生に向けて作られ全国の地方自治体に配られた冊子には、〝性行為をするかしないか、産むか産まないか、中絶をどういう方法でするか、それを決める権利は、子ども自身にある。親や教師は口出しすることはできない〟と書かれていたといいます。以後、そうした性教育は広がりました。

そのためでしょうか。街を歩いていると、中学生とおぼしき年齢の男女が抱き合っていたり、親密な交際をしている様子が目につくようになりました。

そのうえ、日本の至るところで嬰児《えいじ》が産み落とされ、その母親が女子高生であったという事件もめずらしくありません。

私は自分が関わる子どもたちに、そのような経験をさせたくはありません。

「男女も平等。親子も平等。なんでも子どもの自由意志に任せる」。そうは言っても、何かあったときに体や心に傷を受けるのは女の子です。女の子の身を守るためには、男性を軽く見てはいけないと教育すべきです。

男の子には、物事には順序があり責任を取れないうちに軽々しいことをしてはいけないと教えておきたいものです。

自由に異性とつきあう権利を手にするためには、責任をまっとうできる大人にならなければなりません。

そういうことは何も教えられず、なりゆきで子どもができて若い両親となって結婚したとしても、幸せな生活、きちんとした子育てができる人は、皆無《かいむ》に近いのではないでしょうか。

どんな大人になるのか

最近、テレビを見ると、弁護士や医師、大学教授など、立派な肩書きがある人をおとしめようとしているように見えます。「こんなえらい人にも知らないことがある。一生懸命、勉強していい大学を出ても、この程度……」。これでは、子どもに努力を放棄させるだけでなく、努力しないことを正当化してしまいます。

そのうえ、経済的に恵まれていることがいちばん幸せと思わせる番組があとを絶ちません。その影響でしょうか。若い女性が「時給がいいから」という理由で、男性に恋愛感情をもたせるアルバイトをして、危険な事件に巻きこまれたりします。

女の子だけではありません。最近は、若い男子学生が興味本位で男性に身を売り、お金をもらえなかったと警察に訴えて親子で厳重注意を受けたという事件もありました。

経済的に困窮している家庭に育ったならともかく、サラリーマン家庭で親御さんの援助で学校に通える学生の話なのですから、言葉が出ません。

そのうえ「万が一、わが子が『キャバクラでアルバイトをしたい』といっても、止める理由が考えられない」という大人が大勢いるのですから、世も末かもしれません。

私は誇りをもって水商売につく大人の女性にとやかくいうつもりはありませんが、社会を知らない未熟者が「夢を売る仕事」との美辞麗句のもとで「お金さえたくさん稼げれば何をしてもいい」と危険に身をさらすことが賢いとは、どうしても思えません。まして、人の何倍もの時間を勉学に費やして医師や弁護士になった人と同じではないはずです。

人はみな平等で職業に貴賤《きせん》はないとする考えによって、何が正しくて何が間違いなのかが、誰にもわからなくなってしまったのかもしれません。

8　〇歳から三歳までにしておきたいこと
――心と脳をはぐくむために

ここからは、子どもが生まれてからひとり立ちするまで、それぞれの時期にご家庭や教育現場で心がけていただきたいことを、私の経験をふまえつつお話ししていきましょう。

木下式は音楽になじみのない一般家庭の二～三歳の幼い子どもに無理なく、音楽教育を受けさせるため、「さぁ、シカさんが出てきましたよ。シカさんが目から涙を流して泣いていますね。お父さんか、お母さんに叱られたのかな？　だからこのかるたはしかられたのシといいます。しかられたのシ、ハイ！」というような、遊戯的な言語訓練から歌唱力と聴音能力までを身につけさせる手法として考案されました。

ところが、この二十年、木下式をはじめるに必要な能力を備えていない三歳児が急増しているのです。

音感かるたを見せて、「シカさんが……」と水を向けても、かるたに出てくる動物の名前を知りません。「お父さんか、お母さんに叱られたのかな……」と言っても、叱られた経験がなく、説明の意味がわかりません。

指導者の手本（模範口語）を真似するだけで、涙をこぼす子もいます。大きな声を出した経験がないのでしょう。かつてはどんな子でも飛びついた二～三歳の幼児用に考案されたワークブック（おんぷをかこう）も、鉛筆を指で支え濃い線を書くことさえ難しいのです。それだけ、手先や身体機能の発達が未熟で、言葉による刺激も不足しています。

音感能力を養うためにも、頭のよい子に育てるためにも、幼稚園に入園する以前に、親子でするべきことがあります。

それは、楽しんで五官を鍛えることです。そのためには、昔から誰に教わらなくても楽しんだこと――声を出したり、歌ったり、踊ったり、絵を描いたり、歩いたり、体を動かしたりなどが大事なのです。

ところが、「私たち母子は同じ部屋にいても共同作業をする機会はほとんどありません。私は自分の用事をして、この子も自分が好きなことをしていますから……」。こんなことをいう二歳児のお母さんが登場したのです。その言葉に驚いて、母子がいっしょに参加する「のぞみクラス」を開設することにしました。

のぞみクラスには、一歳十カ月～三歳の幼児たちが通ってきます。最初にマットや平均台やトランポリン、うんていなどの器具を使って体を動かす習慣を育てます。

ぎんなんの色分け（赤・黄・緑の三色に塗ったぎんなんを同色のカップに仕分けさせる）*、木製の型はめやひも通しなど、頭で考えながら手指を使う機会も与えます。クレヨンでグチャグチャ描きをさせたり、手で紙をちぎってのりで貼ったり、はさみを使わせることもします。また、絵カードを見せてはっきりと単語を伝え、目で見て耳で聴く練習をしたうえで、絵本の読み聞かせに導入するのです。どれも、頭だけでなく身体機能を使うことに直結することです。

さらに、教具を使うときには、必ず「机に座ったら、手はおひざ」「お話を聞くときは先生の目を見る」「先生がハイと言ったら真似をしよう」など、理性によって欲求を抑えられるようにルールを教え、指示行動の習慣をもたせます。

じょうずにできたら「あら、おりこうになったわね」とにっこりと明るくやさしい声でほめます。また、「やりたくない」という子には「今はお勉強の時間よ。お勉強しない人はライオンの部屋に行かなければいけないのよ」と毅然とした声で諭し、それでも気持ちが切りかわらなければ、お母さんのいない部屋の外に連れ出します。たいていの子どもは、お母さんから離れると静かになるので、「お勉強をしない人にはおやつの時間は来ないし、お母さんといっしょに帰れないのよ」と教えます。子どもはわがままが通らないことを知って「じゃあ、やる」と言って教室に戻っていきます。

のぞみクラスで行うしつけを応用すれば、メリハリのある家庭生活が送れるようになり、集団生活の基礎となるでしょう。

ですが、いちばんたいせつなことがあります。それは、しつけは大人の都合に子どもを従わせるためではなく、社会の一員として子どもが幸せに暮らすためにすることなのです。

＊木下式はカラー五線譜を使って音符の読み書きを教えますが、色彩が判別できない障害があると訓練が困難になります。通常、文字や色彩名を知らない幼い子の色覚の障害は見つけるのが難しいため、この訓練で赤と緑の違いがわかるかを確かめています。

①言葉を発達させる

高めの声ではっきりと話そう

乳幼児が鋭く反応する声は、少し高めで緊張感のある声、つまり若い女の人の声です。これは「Motherese（母親語）」と呼ばれ、世界共通の現象であることがわかっています。

赤ちゃんは母親語に接するとうれしいという感情を覚え、話しかけてくれるお母さんとのあいだに心の交流をはかりたいという欲求が高まり、目を輝かせます。

話声位（話す声の高さ）が低いと、子どもの耳にお母さんの言葉や愛情が届きません。お母さんは、高めのかわいい声を心がけましょう。

高い声は、幼児の意識を呼び覚まし、低い声は幼児を落ち着かせることになります。

赤ちゃんが活動的な時間帯には高めの声で、疲れているときや寝かせるときにはゆっくりとおだやかな声を聞かせましょう。

お母さんの言葉がけで発語を早めよう

お子さんの心に響き、情緒をはぐくむのは、お母さんの愛情のこもった言葉がけです。

まずは、身の回りにある物の名前を声にだして教えていきましょう。「お父さん」「お母さん」など、周囲にいる人の呼び名から、体のパーツ（目、口、鼻など）食べ物、乗り物、動物、おもちゃなど、日常生活に存在するものや、興味をもちそうな名前を教え「言葉の引き出し」にたくさんの単語をためましょう。

お手本を示す際は、なるべく鮮明に、一字ずつはっきりと単語を聞かせることが大事です。そこで、必ず先に母音（アエイオウ）を形作ってから声を出すようにします。たとえば、「コップ」という単語なら、口先を丸めて「オ」の口型を用意してから「コ」と発し、その後上下にすぼめて「ウ」の形にしてから「プ」と言うのです。

お母さんが充分に話しかけていると、赤ちゃんはその言葉尻をとらえて、「プププ」「ブー」「チャ」など、言葉らしきものを発するようになってきます。

その際には、「これはコップよ」「そうね。ブーブーは車よ」「なぁに？　おなかがすいたの？」など、赤ちゃんの声に反応してみましょう。赤ちゃんは自分が相手をされていることがわかると、たくさん声を出すようになり、それが発語につながっていきます。

また、赤ちゃんは、テレビやビデオから聴こえる言葉を真似することはほとんどありません。お母さん、お父さんの生きた言葉がたいせつであることを忘れないでください。

赤ちゃんの名前を呼ぼう

赤ちゃんには、必ず「～ちゃん」と名前を呼んでから、「おっぱいを飲もうね」「オムツかえようね」と話しかけることが大切です。

いつも名前を呼ばれることで、それが自分を意味する言葉として理解できるようになります。また、口をきけるようになったら、「～ちゃん」と呼んだら「ハーイ」と返事をすること教えましょう。

こうした段階を踏まずに、幼稚園に入園するために「名前を呼ばれたら、返事をしなさい」と教えても、簡単には身につくものではありません。

幼い子どもが返事をする様子はとてもかわいいものです。とはいえ、大人がうれしくなって、何度も呼びかけていると、おもしろくないゲームだと思って反応しなくなることがあります。

言葉が話せないうちでも、子どもはいろいろなことを見聞きして学んでいるのです。

何かする前には必ず説明をしよう

赤ちゃんにとってこの世はわからないことばかりです。そこで必ず「これから～をするよ」と事前に言葉がけをしましょう。

お母さんの説明によって、赤ちゃんは安心感をもつことになります。とくに、慣れ親しんだ行動パターンからはずれて行動する際には、「～ちゃん、今日は電車に乗って検診にいくからね。お医者さんに会うけれど、だいじょうぶだからね」とおだやかに伝えましょう。

赤ちゃんは、お母さんの声や表情、雰囲気から感情も察知するため、お母さんが不安な気持ちになると、それを感じとって泣いたりすることがあります。

赤ちゃんを安心させるためには、お母さんがどっしり構えることもたいせつです。

本の読み聞かせで理解力をはぐくもう

言葉を増やすために話しかけるといっても、口をきかない赤ちゃんに何時間も話しかけるのは難しいことです。

そんなときは絵本の力を借りましょう。最初は文字の少ないものを選び、高くはっきりと鮮明に抑揚をつけたり、音調を変えて読むようにしましょう。

お子さんの様子をよく観察していれば、どれが好きな本で、どれが嫌いな本かがわかるかもしれません。ただし、一度嫌った本でも、理解力が増すと好きになることもあります。反応を見極めながらいろいろな本を与えましょう。

一般に幼児は絵本を好むものですが、読み方が平坦であったり、声が小さかったり、音調に変化がないと興味を示さないことがあります。また、ほかのことに熱中しているときには、本読みを無理強いしないようにしましょう。

②感情を理解させるために

豊かな表情と声で心を育てよう

赤ちゃんは、私たちが話す単語一つひとつを理解しているわけではありません。声の音色（音調）、抑揚などから、雰囲気を感じているのです。

明るい声で話せば笑顔を見せ、暗い声で話すと不安になって泣きだしたりするでしょう。これがのちに言語の理解へとつながっていくのです。

ですからお母さんは、話の内容にあわせて、明るい声、暗い声、やさしい声、喜びの声、悲しい声、怒った声、怒りを抑えた声など、語調を使いわけて、言葉の意味を教えたいものです。

手はじめに、赤ちゃんに日々のあいさつをしてみましょう。お母さんがお子さんに向かって、「おはよう」「いただきます」「ありがとう」とタイミングよく声をかけて、頭を下げたり、両手を合わせたりなどのジェスチャーを見せていると、お子さんにも意味がわかるようになります。口のなかで、もごもごと真似をする様子も見えるかもしれません。

何か聞こえたら「今、〇〇ちゃんも〝おはよう〟っていったのかな?」と喜んでみせましょう。赤ちゃんの行動に対してお母さんが表情豊かに対応することで、赤ちゃんもさらに反応するようになるのです。

ただし、お母さんが常にやさしい声ばかり聞かせていると、子ども同士の喧騒になじめなくなることがあります。反対に低く威圧感のある声ばかり聞かせると、子どもが攻撃的になるかもしれません。

乳幼児期のお母さんの表情豊かな言葉がけが、赤ちゃんの視覚や聴覚への働きかけとなります。いろいろな音調で声をかけましょう。

ちょっとしたひとこと

一般の方がお子さんの音感能力を高めたいと考えるなら、乳幼児のころからクラシック音楽を聴かせることがたいせつです。

いろいろな楽器がもつ幅広い音域に触れることで、音楽になじみのある子どもに育てましょう。

その際は、雑音のなかでなんとなく音楽を流すのではなく、メロディーがはっきりと聴こえるボリュームを心がけます。

音楽を聴くことは、言葉を聴くのと同じ効果があるため、赤ちゃんのシナプスを形成するのにも有効です。

また、日本語の正しい発音を教えることが、音楽能力の基礎となります。

私たちは、日本人であれば誰でも日本語を話せることが当たり前だと思いがちですが、幼児期に正しい発音を耳にしなければ、母国語であっても、はっきりと話せるようにはなりません。

子どもに話しかける親御さん自身も、母音を意識した聞き取りやすい発音で話すよう心がけましょう。

目を見て話して心を通わせよう

目は口ほどにものを言うといいますが、大人が片手間に目も見ないで言葉がけをすると、その子にきちんと話を聞く習慣が身につきません。

最初は数秒間でいいのです。まず、お母さんが目を見て、お子さんに明るい声で話をするようにしましょう。

おたがいに目を見ることで心が通って、「いつもより目がうるんでいるから、これから風邪の症状がでるのではないか」など、子どもの変化がわかるようになっていきます。

生後三〜四カ月を過ぎてもお子さんの目の焦点が合わないと感じたら、絵のついたカードをつぎつぎめくってみましょう。赤ちゃんは瞬間的に動くものはじっと見つめるものです。このとき、ゆっくりとカードを動かすのではなく、なるべくすばやく動かし、はっきりと鮮明に名称を伝えましょう。

子どもの成長や変化に喜びをもとう

お母さんにとって、わが子の発達はたいへん気になることでしょう。とくに、同じ月齢で発達が早いお子さんがいると、心配になるかもしれません。

ですが、お母さん自身が、悲観したりあきらめたりせずに、日々の変化を喜ぶことで、お子さんの成長や発達をうながすことになります。

お母さん自身に心配や不安があるときは、ひとりで抱えこまず、信頼できる人に相談するのもだいじなことです。

はじめての子育ては苦労が多いものです。お母さんが気持ちを明るくもつことこそ、お子さんの成長に必要なことです。

③体を発達させるために

運動で親子の愛情を確認しよう

生後間もない赤ちゃんは、自分で動くことができません。だからといって、生後三カ月を過ぎても、ただ静かに寝かせ、真綿に包んだようにたいせつにしてばかりでは、運動能力が発達しないことがあります。

赤ちゃんを横向きにして背中をマッサージする。お母さんの指を握らせて腕を屈伸させたり、足首に軽く手をそえて膝の曲げ伸ばしをするなど、親子のスキンシップをはかりましょう。その際には、リズミカルに「いちに、いちに」と声をかけましょう。

また、少しずつうつぶせにも挑戦したいものです。

赤ちゃんには、必ず事前に「これから足の体操をするよ」「次は手を動かしてみようね」「うつぶせにするよ」といった言葉がけをするのも忘れないでください。

くれぐれも無理なことはせず、安全に気をつけて手をそえて補助することを心がけましょう。しばらく続けると、お母さんが手をそえただけで、赤ちゃんが自分から曲げ伸ばし運動をするようになります。こうした習慣が、腹ばいやハイハイ、歩行の予備練習となるのです。一日も早くハイハイができるように、また、お子さんに愛情を伝えるスキンシップのため、親子でする体操は、楽しんでおこないましょう。

手や指の使い方を教えよう

赤ちゃんは、自分の爪で肌を傷つけることがあるため、ミトンなどを着用させるお母さんもあるでしょう。

ですが、小さいころに手や指は自由自在に動かせる機会があることがたいせつです。サルは指の先でものをつまみ口に運びますが、人間がまさっているのは、指でつまんだものを手のひらに何個もまとめもつことができることにあります。一日も早く人間の特性を引き出したいものです。

手や指を使うときに、「これはお母さんの指よ。あたたかいでしょ」「これはおもちゃよ」など、赤ちゃんが知らないことを教えるつもりで話しかけてみましょう。

赤ちゃんとスキンシップを楽しもう

赤ちゃんをもつお母さんは、身のまわりの世話で精いっぱいかもしれません。しかし、赤ちゃんとの時間を楽しむ心の余裕は忘れないでください。

赤ちゃんを抱きあげて「高い、高い」と声をかけることや、「いない、いない、ばあ」と顔を出したり隠したりする遊びや、「コチョコチョ……」と声をかけてくすぐるなど昔ながらの遊びは、赤ちゃんから豊かな表情や笑顔を引きだします。

赤ちゃんの体をなでたりさすったりなど、充分なスキンシップをとることで、赤ちゃんは愛情を感じるのです。

お子さんの表情を観察して、喜んでいるかいやがっているかを見極めながら遊び相手をすることが、発達を手助けします。

ただし、赤ちゃんと遊ぶ際には、脳に損傷を与えるような乱暴な扱いをしないよう、適度な注意が必要です。

④社会性を育てるために

この時期にダメを知らせよう

赤ちゃんは日々成長して、行動範囲が広がっていくものです。しだいに危ないことにも手を出すようになるでしょう。

「赤ちゃんだからしかたない」と思わず、「ダメよ」と少し低い声で伝えましょう。

言葉の意味はわからずとも、お母さんの真剣な声から「していること」をやめるはずです。そこで、お母さんは「やめて、えらかったね」とほめるのです。

理性的に判断して行動を抑制する力は、鍛えなければ衰えていく能力といわれています。

木下式の訓練には随所に「理性的に抑制すること」を教える課題がありますが、何年も奔放《ほんぽう》なふるまいを許された幼児は、自分の欲求をおさえるのがとても難かしいのです。できれば、赤ちゃんのうちから大人の制止で行動をとめる習慣をつけておきたいものです。

三歳までは、「ダメなことをしたこと」を叱るのではなく、「ダメなこと」を指示によってやめたことをほめて育てましょう。

言葉の意味やルールを理解しないうちに強く叱っても、大人に対して嫌悪感をもつだけで、よりかわいげのない態度を見せるようになってしまうからです。

また、子どもが「ダメなことをしないように」と過剰に保護して何も経験させないと、子ども自身、何がよくて何が悪いかを理解しないまま成長してしまいます。危険がないよう見守りつつ、経験から学ばせることもたいせつです。

⑤自立をさせるために

自分の足で歩く機会を与えよう

最近、ひとりで歩ける四～五歳の幼児がベビーカーに鎮座する姿を見かけるようになりました。自分の体を動かすチャンスをベビーカーや抱っこによって奪ってしまうと、体を動かすことを嫌って、運動能力がますます低下してしまいます。外出先で寝てしまうときのためにベビーカーを持ち歩いても、歩く機会は多く与えたいものです。

オムツの卒業を目指そう

小さなお子さんをもつお母さんのいちばんの課題は、トイレ・トレーニングかもしれません。一歳後半ともなれば、お母さんがお子さんの尿意を見極めてトイレに連れていき、「シーシー」と声をかければ便器で用を足すことも可能です。

お子さんが口をきけるなら、「おしっこがしたくなったら、お母さんに教えてね」と伝えておきましょう。お子さんが「チッチ」と教えたら、「教えられておりこうだったね」と明るい声でほめることも忘れないでください。成功するたびにほめることで、子どもは喜んで教えるようになるものです。

ただし、失敗したときに過剰に叱るのは逆効果です。「残念だったね。次は教えてね」。落胆した声色を使っても気持ちはおおらかにもって、お子さんが自分からオムツを取りたくなるように仕向けましょう。

トイレ・トレーニングは、大人が手間をいとわなければ、けっして難しいことではありません。

ちょっとしたひとこと

「オムツは自然に取れるまで放っておくのが好ましい」という専門家もありますが、昔とは事情が違うことを忘れないでください。

昔は布オムツであったため、濡れると子どもに不快感がありました。親も洗濯する手間があり、なんとか早くオムツを取りたいと願ったものでした。ところが、今の紙オムツは多量の尿を溜めてもにおいも不快感もなく、六歳でも着用できるビッグサイズまであるのです。

そのためでしょうか、最近は幼稚園にオムツをして入園してくる子どもも大勢います。長い期間、紙オムツを使用してしまうと、オムツで用を足すほうが心地よくなり、便器で用が足せなくなることもあります。

自分で尿意を感じ、コントロールできない子どもに難しいことを教えても、けっしてよい結果は出ないものです。自力の排泄は自立の第一歩——。知的な教育を受けるスタート地点

◇◇◇◇

であることを、忘れないでください。

◇◇◇◇

自分のことを自分でしたがる子に育てよう

オムツの卒業が近づいたら、洋服の脱ぎ着も少しずつ自分でできるように教えてみましょう。無理に教えこむのではなく、自分から服を脱ごうとする動作を見かけたら、「自分で脱げるの？　おりこうね」と抑揚をつけてほめてみましょう。大人が着せ替えるほうが簡単ですが、お子さんが自分から進んで行動する姿は、おおいに歓迎しましょう。

保育園に通う子どもの保護者がいちばん喜ぶことは、トイレ・トレーニングをはじめ、洋服の脱ぎ着や荷物整理などができるようになることだといいます。親元で育つ子も、お母さんが手を貸して、自立する喜びを教えたいものです。

9　三歳から六歳までにしておきたいこと
——脳を鍛え、自分で考える子に

私が音感教育を受けたことに感謝したのはアメリカに渡ってからですが、幼児教育の成果を実感したのは、中学生になったときのことでした。

幼いころから地道な努力が嫌いだった私が、やる気になれば英単語、漢字、年号などいくらでも記憶できました。長時間勉強する友人から、「短時間で覚えられてすごい」と感心され、自分のもつ記憶力や集中力がだれにでもあるわけではないと気づいたのです。それは幼児期から両親が音楽をはじめ、さまざまな教育を与えた結果でした。

脳科学の見地では、三歳ごろから左脳が活発にはたらくようになると言われ、学習やしつけを開始するのに適していると言われます。

この時期、適切な教育を与えられた人は、与えられなかった人に比べて、物事を記憶したり、習得したりする力に長けています。

この時期を生かし、音楽の基礎を備えさせるのが木下式音感教育法です。

木下式は言語力や記憶力という知的な教育にかたよらず、聴覚や視覚を駆使して聴いて歌うという感覚も鍛えることから、幼児教育のなかでもこれほど効果のあるものはないと自負しています。

最近、楽院の幼児部の授業風景を見た若いお父さんが、「こんなに静かに集中できる三歳は見たことがない。きっと、特別な能力の子どもを集めているのでしょう」と言われました。

じつは、楽院に通う幼児たちも、最初から長時間、集中できたわけではないのです。木下式には、「最初は音感かるたの説明ですよ」「次はハ長調の音階を歌いましょう」などの五分から十分の短い課題が数多く用意されています。そして、指導者も幼児が無理なく学習するための秘訣――子どもをひきつける話し方、手本の歌い方、指導体系などを学びながら実践することで、成果をあげているのです。

一般のお母さんが授業を見学すると、「うちの子にはこんな難しいことはとても無理です」とあきらめてしまいますが、本来、幼児は覚えるのが早く、やって見せればなんでもできるようになるものです。

ただし忘れるのも早いため、何度も繰り返すことが定着の鍵です。「前はできなかったことができるようになったね」「今のやり方はよくないよ」。小さな変化をほめたり注意する手間を惜しまなければ、能力は必ず向上します。

私は大人の生徒にも木下式の発声を教える機会がありますが、感覚については、圧倒的に幼児のほうがすぐれています。

大人は知識や経験が多いため、なにごとも頭で処理しようとして、感覚的に吸収するのが難しいのです。音楽や運動など感覚の鋭さを求める科目は、幼児期からはじめるほうが好ましいのは、そのためです。

ただし、どんなにタイミングよく教育をはじめても、自己抑制などのしつけをしておかないと、大きな落とし穴があります。たとえば、「さあ、勉強しましょう」と言われても、「なんで？　いやだ」「今は勉強をする気分ではない」と言う子どもでは、せっかくの能力も宝の持ち腐れです。

幼児期の能力は、お母さん、お父さん、先生など関わったいろいろな人の努力の結果、生まれたものです。

このことを軽視し、その子の手柄のように扱うと、子どもは過信して「ウサギとカメ」に登場する怠けウサギになってしまいます。

これは、自戒もこめて書きますが、世の中には、「勤勉なウサギ」がたくさんいます。努力できないウサギはカメにも勝てない日が来るのです。

ほんとうに能力がある人は、やるべきときにやるべきことをやって、結果が出せる人です。

これを実現するためには、「いけないことはいけない」「やるべきときには全力で取り組むこと」「地道に努力すること」など、地味ですがたいせつなことを、私たち大人が心にとめなければなりません。

①言葉を発達させる

声の大きさで自信と意欲を見極めよう

声は自信を推しはかるバロメーターです。

自信があるときの声は、はつらつと大きく、ないときは低く小さい声になります。声を聞けば、その人の意欲の有無や体調までわかるものです。

私たちの声――大きさ、高さ、声質――は、もって生まれたものだと思われるかもしれませんが、じつはちがいます。

幼児期にどのような声で語りかけられたかで決まるのです。

大人が高く美しい声で話しかければ、子どもはかわいい声で応えます。低いしわがれ声で話せば、ボソボソと応えるはずです。誰からも話しかけられなければ、声は出るようになりません。子どもに自信ある声で堂々と話してほしいと考えるなら、まず、私たち大人が美しい日本語を聞かせる責任があるのです。

おしゃべり上手に育てよう

大人が子どもの気持ちを先読みして口を出しすぎると、自分からは口を開かなくなってしまいます。

よく見かける光景に、子どもに質問しても、保護者が「この子は～です」と答える姿がありますが、そうしたお子さんに何か質問をしても、「うん」「ううん」と頭を振って意思表示するだけになってしまいます。

時間がかかっても、本人が自分で口を開くようにしたいものです。

子どものなかには、家ではよく話すのに、外では口をきかない子もいます。よその人と話す自信がもてないのかもしれません。

そこで「幼稚園の先生に『明日はお休みさせてください』と伝えてね。いっしょに練習しよう。『明日はお休みさせてください』」と、家で予行練習をして、子どもが自信をもって話せるように導きたいものです。

「うちの子は話すのが得意だからだいじょうぶ」というお子さんのなかには、自分の好きなことを好きなときに勝手に話して、相手の話を聞けない子もいます。おしゃべり上手とは、自分の気持ちを伝えるだけでなく、相手の話を聞いてコミュニケーションがとれることです。

身近なことを教えよう

お子さんが文字や数字に興味をもったら、家庭で教えるのもよいでしょう。

ただし、それ以前に身の回りのことをきちんと教えたいものです。

たとえば、自分の苗字と名前、両親や祖父母の氏名、家族は何人で兄弟は何人か。自分はお父さんから見たら、「子ども」であり、妹から見れば「お兄さん」、お姉さんから見れば「弟」など、大人には当たり前の事柄も、子どもは説明されなければわかりません。

また、呼び方で性別を表す単語も幼児にはわかりにくいものです。「お父さんが男、お母さんは女。では、叔父さんは？　妹は？　お兄さんは？……」と、年少児にきいても、パッと性別が理解できる子は多くありません。

文字や数字のプリントを与える前に、身近なことを理解しているかどうかを確かめましょう。

はっきりとした言葉を聞かせよう

昔から、おしゃべりじょうずは賢い子といいますが、身近な大人がはっきりとした鮮明な言葉で話しかけることによって、言葉は流暢《りゅうちょう》になるものです。

しかし、幼いころから充分な語りかけがなかったり、小さな声や聞き取りづらい発音を聞かせていると、幼児音がなおらない原因となります。

幼児音とは、「カキクケコ」が「タチツテト」になったり、「サシスセソ」が「タチツテト」や「チャチチュチェチョ」になる現象です。ほかにも「ラリルレロ」が「ダヂヅデド」になったり、「ファ」が「パ」になることもあります。

たとえば、「外でカラスがカーカー泣いていました」と言っているつもりが、「ととれ、たらちゅだ、たーたーないていまちた」と聞こえるのです。

これは、舌の後方を上げて発する「カキクケコ」や歯茎と舌の摩擦によって音を出す「サシスセソ」が、舌先をついて発音する「タチツテト」になってしまうことが原因ですが、放置すると会話が成り立たず、文字の読み書きや物事の理解に支障が生じるため、早期に解決する必要があります。

幼児音をもつ子は恥ずかしさから声が小さくなる傾向があります。ですが、間違いを隠していてはいつまでも直りません。一字ずつゆっくり大きな声でいう練習が必要です。

最近は幼児音をもつお子さんがとても増えています。なかには手術で改善をはかる例もあるようですが、痛い思いをして手術を受けても、舌や口まわりを動かす訓練をしなければ効果がないことを忘れないでください。

楽院では、カ行の発音を教えるために、口の中にスプーンなど入れて、舌先をあげないようにさせながら「カーカー」と言わせます。

また、サ行は「スー」と勢いよく息を吐いて音を出すことから教えます。幼児音がある子どもは、「チュー」になったり、息が出なかったり、途切れたりします。息を強く吐いて「スー」という音を出せるようにします。その後、「スーーア」と母音をつなげ、じょじょに「スア」から「サ」へと近づけていきます。

幼児音は、子どもに舌の使い方や口まわりの筋肉を動かすことを覚えさせれば必ず直るものです。

②体を発達させるために

手や指を自在に使えるようにしよう

身体機能を高めるというと、知能教室などのお稽古を思い浮かべるかもしれませんが、ご家庭で、指で紙をちぎったり、小さなものをつまんだりを充分にしたあとで、はさみや鉛筆、クレヨンを使わせましょう。

こうした道具を家庭で使うと部屋や服を汚す心配をするお母さんもいますが、古新聞やレジャーシートを活用して、汚れてもいい服を着せて、子どもの心がおもむくままやらせましょう。廃品を使って工作をさせるのもよいでしょう。

手先をはじめ、全身を使って親子で楽しむことが、のちに物事を習得する力になります。

お母さんのお手伝いをするうちに身につくこともあるでしょう。

たいせつなのは、生活に必要な身近なこと――ひもを結ぶ、はしを自在に使うなどを、自分でできるようにすることです。

子どものころの癖は一生ついてまわります。はしや鉛筆など、我流で間違った持ち方を習慣にする前に教えておきたいものです。

親子で体を動かそう

幼児期から体操や水泳など、専門の教室に通って学ぶお子さんも多くいます。それ以前に、親子で体を動かす機会をもつことも大切です。

買い物に出かける道のりをいっしょにスキップしたり、ジャンプをしたり、遊び感覚で運動能力を高めましょう。お母さんが手本を示せば、すぐに真似ができるのが幼児の特性です。

家族で散歩やハイキングなど、自然のなかで体を動かしたり、家族いっしょに庭やベランダで作業することも、たくましく育てるためにだいじなことではないでしょうか。

信頼関係を育てにくい発達障害の子どもに「少し危険なことをして親が助ける遊び」をすると、感覚が改善できるといいます。

私が子どものころも、「高いところから父が広げた胸のなかに飛びこむ」という遊びをよくしたものです。どんなときでも父は絶対に受け止めてくれるという確信がありました。

他愛もない親子の遊びが子どもの感覚を鍛え、心のつながりをはぐくんでくれます。お母さんがお子さんと激しい遊びをするのは、体力的に負担かもしれません。できれば、お父さんに助けていただき、安全を確保しながら冒険をさせたいものです。

体を使って表現できる子にしよう

それぞれの地域や国の文化には独自の音楽、踊り、絵画などがあります。これは、いつの時代も私たち人間が芸術を求めて、心癒されてきたあかしではないでしょうか。

幼児期の子どもたちも、だれに教わらなくても音楽に合わせて声を出したり、体を振って踊ったり、お絵描きをしたがったりするものです。

子どものころに、とくに好きだったことが、将来、その人の職業に転じたり、心の支えになったりするものです。幼いころは、ひとつのことにかたよらず、いろいろなことに挑戦させたいものです。

右と左の区別がつくようにしよう

私は幼いころ、左右の感覚がよくわからない子どもでした。幼稚園のお遊戯では右に回るところを反対に回り、運動会ではみんなが左に進もうとするなか、自分だけ右を向いてしまいます。ほかの女の子ができることができず、自分をダメな子だと思っていました。

集団生活において左右の指示を正しく受け止められる幼児が、ほんとうに理解力がある子です。幼児期に注意して教えれば、集団生活で困ることはありません。「右手をあげて左手をあげて、右手を下ろさないで左手を下ろす」など、ゲーム感覚で左右を意識させましょう。

一度、教えたからといって簡単に身につかないのが幼児です。間違えなくなるまで大人が意識して教えたいものです。

③感情を理解させるために

家族の会話で心を育てよう

せっかく家族で食卓を囲んでも、テレビに釘づけで会話もなしでは、子どももさびしいものです。しかし、テレビが情報収集に欠かせないお父さんもいるかもしれません。ならば、ただ見るだけでなく、テレビを家族の会話の材料にしてみませんか。テレビを見ながら、家族で「お母さんはこの解説者が好き」とか「お父さんは、この政治家が苦手」とか、「どうして、この国ではこんなことがあるの？」など意見を交換することで、おたがいの考えを知ったり、社会で起きる問題に子どもも興味をもつかもしれません。

子どもにとってたいせつなのは、お稽古事に飛び回るより、家族の会話を通して考える力を養うことではないでしょうか。

読み聞かせによって心を育もう

語彙をふやし、想像力をかきたてる本の読み聞かせは、子どもの成長には欠かせないものです。ただし、寝る前の読み聞かせは子守唄代わりになるため、眠くない時間帯に内容を確認しながら読むことがたいせつです。その際、ただダラダラと平坦に読むのではなく、音調を変え抑揚をつけて聞かせましょう。

子どもは好きな本の読み聞かせを何度でもせがむため、お母さんはうんざりするかもしれませんが、お子さんがスラスラと文字が読めるようになるまでは続けましょう。字が読めるようになったら、「今度はお母さんにも読んで」とうながしてみましょう。

おたがいに譲りあい、がまんすることを覚えよう

親御さんが自己犠牲を払ってわが子に手をかけることで、「何があってもお母さんはぜったいにどうにかしてくれる」と、子どもが将来、自立できなくなるのはよくある話です。いいお母さんの子が、必ずしもいい子に育つわけではありません。子どもだけでなく、お母さんにも都合があることを教え、他人を思いやる子どもに育てたいものです。

たとえば、お母さんの調子が悪いときには、がまんして家事などせずに、「お母さん、具合が悪いから自分でしてね」と言ってみましょう。どんなにわがままでも「お母さん、だいじょう

ぶ？」と心配するはずです。

万が一、いたわりの言葉もなく自分の欲求にしか興味がないとしたら、これまでの育て方を反省しなければなりません。

また、子どもにがまんが大事といっても、一方的に大人の都合だけを押しつけてばかりでは大人が信じられなくなったり、無気力、無抵抗に育ってしまうこともあります。

親子がたがいを自分の思いどおりに動かすのではなく、相手を尊重できる関係になりたいものです。いっしょに暮らす家族の気持ちもわからず、他人とうまくつきあうのは難しいのですから。

兄弟仲をよくする

両親にとって、兄弟はみなかわいいご自身のお子さんです。

しかし、兄弟同士は、親の愛情と関心を取り合うライバルであり、おたがいを比較され叱られたりほめられたりすると、ますます仲が悪くなります。

まず、親御さんが「ケンカばかりして本当に仲が悪いんだから」と言うのをやめて、「それぞれがお母さんのたいせつな子ども」であり「仲よくしてほしい」と伝えましょう。

くれぐれも「お兄ちゃんは頼りない」「弟（妹）は全然、大人の言うことを聞かない」などとおたがいの短所ばかりを聞かせないことです。

子どもは親が言い聞かせたとおりに育つものです。兄（姉）を尊敬し、弟（妹）をいつくしむ関係を心がけたいものです。

◇◇◇

ちょっとしたひとこと

妹が第二子を出産してしばらくしたとき、兄甥が「ぼくはほかのお母さんがほしい」と言いだしました。びっくりして「よその家の子になりたいの？」ときくと、「かいちゃん（弟甥の愛称）のお母さんの子どもになりたい」というではありませんか。

「ぼくのお母さん」も「かいちゃんのお母さん」も同一人物なのに、「かいちゃんのお母さん」のほうがやさしいことをうまく表現しています。

甥たちは六歳違いということもあり、妹は話が通じる兄甥に、「ピアノの練習はしたの？　用意はできたの？」「言っておいたのに、まだしていないじゃない」と厳しい言い方をしてしまいます。

反して、心の成長をうながす時期にある乳児の弟甥には、「あら、こんなにたくさん飲め

◇◇◇

たの？　おりこうね……」と些細なことにもやさしい言葉がけをします。

それで兄甥がいじけたのでしょう。

妹はあわてて兄甥が小さかったころのアルバムを取りだして、「ミィニが赤ちゃんのときも、こうやって、やさしくおっぱいを飲ませたり、オムツを替えたのよ」と説明していました。

みんなに慰められると、次の瞬間には調子に乗ってまた叱られる。そんな繰り返しですが、おたがいの存在に刺激されて成長していくのが、きょうだいのありがたさです。

長所、短所を見極めて

子育てに行き詰まったら、たいせつなわが子のよいところ、悪いところを書きだしてみましょう。

その際、「何ができるか」という能力以上に、性質、気質について考えることがだいじです。ふだん忘れがちな子どものよさが見えてくるでしょう。

学習目標を考える親御さんは多いですが、人間としての性質を重要視する親御さんはなかなかいません。

ですが、能力を伸ばすためには、人間性のよいところを伸ばし、悪いところを正してゆくことが近道なのです。

兄甥が五歳だったころ、私は妹と、甥の長所と短所を考えたことがありました。

◉長所

- 困った子や小さい子に手を差し伸べる思いやりがある
- 相手の気持ちを優先できる
- 疲れても体力的にがんばる忍耐力がある
- 言葉の理解力があり、聞き分けがいい
- 独立心がある
- 好奇心があり、何にでも興味をもつ

◉短所

- 気が弱くて怖がり

- 嫌なことがあっても人に強く言えない
- 「お母さんに内緒にしてね……」が多い
- 調子に乗りやすい
- 言葉巧みに自分の思いどおりにする
- 食べ物に執着がある
- 反対表現が多く、素直でない

どんな子どもも、長所と短所は表裏一体です。

例えば、「相手の気持ちを優先できる」から、友だちに強く言えず弱虫に見えるのです。理解力があるから、自分が食べてはいけないものの存在がわかり、「いらない」と反対表現をしてしまいます。食べ物に執着があるのは、アレルギー反応を起こす食物が多くあり、食べられないものが多いからという理由だったりします。

子どもの立場で考えれば、さまざまな事情や気持ちも理解できるのではないでしょうか。

お母さんには、わが子の長所、短所を観察しながら、バランスよく成長をうながしてほしいのです。

ちょっとしたひとこと

子どもをよく観察する木下式では、多くのことが発見されます。

私の母は、カラー五線譜の音符書きを指導しながら、幼児の色盲と斜視を見つけました。

木下式の音符書きは、年齢が幼くても音符が書けるように工夫されています。

ですが、三歳のたっちゃんは（仮名）は、「みんなであそぼうのミを書こう。電車ごっこをしている小鳥さんの色、緑ですよ。緑の線を踏んで丸を書いてごらん」と言っても、どうしても茶色の線上に丸を書いてしまうのです。

母は「この子は緑と茶色を同じ色と理解しているのではないか」と眼科の受診をすすめました。一般に、説明能力が未熟な幼児の病気を発見するのは難しいため、お医者様からは「よく、こんな小さな子の色盲に気がついた」とほめられました。

また、「緑色」が判別できないたっちゃんには、ほかの手がかりによって音符を書く位置を教えました。

聴きわけ課題で斜視を発見されたのはカズヤくん（仮名）です。

木下式では、聴きわけた音符を一小節にひとつずつ記していきますが、カズヤくんが五つの音を書こうとすると、四つ目と五つ目の音符を一カ所に重なるように書くのです。何度も同じように書くことから「右端の見え方に問題があるのではないか」とお伝えしました。すると、手術が必要なほどの斜視で、日常的によくころぶのもそのためでした。

幼児の教育や子育ては、注意深く相手を観察することがいちばん重要なのです。

悲しい体験も必要なこと

世のなかには、「死などの悲しいことは子どもに知らせるべきでない」との考えがあるようです。

ですが、天災も事故も、大人子どもの区別なく訪れます。命をたいせつにさせるためには、事実は事実として知らせることが教育ではないでしょうか。

人は悲しいことを体験してはじめて、自分が幸せであると気づき、他者への思いやりを感じるものです。

本来、子どもはままごと遊びなどで自分以外に感情移入することが得意な特性をもっているものですが、「子どもだから」と過剰に保護されることで、子どもらしい感受性を失ってしまっているのかもしれません。

五歳のころに曾祖母のお葬式を経験した兄甥は「お母さんも死ぬの？　お母さんが死んだらぼくはどうしたらいいの？」と目に涙をため、その様子は、とても不憫《ふびん》で大人の涙を誘いました。「だいじょうぶよ。ばぁばもじぃじも、お母さんが大人になってもまだ元気でしょう？　だから、お母さんもそんなに簡単には死なないと思うわ。でも、お母さんたちがいなくなってもだいじょうぶなように、いろいろなことを勉強しているのだから、がんばってね」

妹は「死」の存在を知った甥をやさしい声で安心させながら、一生懸命、物事に取り組む意義を説明していました。

幼児期は、いたずらに死の恐怖を与えると精神的に不安になることもあります。そのため、妹は「お母さんたちは簡単には死なない」といって甥を安心させました。ですが、成長とともに、「命には限りがあること」「だれもがいつか死ぬこと」に、私たちは向き合っていかなければなりません。

④社会性を育てるために

家庭でルールを作ってしつけをしよう

子どもを養育する義務がある保護者は、わが子が社会で問題を起こしたら、その責任を負わなければなりません。

だからこそ、しつけはおろそかにはできませんが、最近は「しつけをされたことがないからどうしていいかわからない」という親御さんや、子どもに禁止事項ばかり押しつける親御さんなど、正しいしつけのあり方がわからない人が多いようです。

まず、親御さんがぜったいに忘れてはならないこと――。

それは、大人に都合がいい子どもにするためにしつけをするのではない、ということです。愛するわが子をよい方向に改善して、幸せにするためにしつけるのです。

よく、しつけと称して、子どもを身体的に痛めつけたり、ひどい言葉で傷つける大人がいますが、それは暴力であってしつけではありません。

しつけの基本は、愛するわが子を「どのような人間に育てたいか」を両親が真剣に考え、それをお子さんに伝えることです。あいさつをしよう、うそはついてはいけない、ひきょうなことをしない、他人の役に立とう、最後までがんばろう、お手伝いをしよう、社会に迷惑になることはしない、向上心をもつなど——。

自分の子どもだからこそ、「こうあってほしい」との希望があるはずです。それがその家庭の教育方針であり、ルールです。それに反したときには「やめなさい」「ダメよ」と何度でも注意してあらためさせます。

お子さんが注意を聞き入れたら、「えらかったね」「お兄さんになったね」とその成長と変化を喜びましょう。お子さんは注意されたときはいやな気持ちがしても、自分がいい方向に成長したと感じられれば、つらいとは感じません。むしろ誇らしく思えるはずです。

また、子どもにばかりルールを与えるのではなく、親御さんも家族の一員としてルールを守る姿を見せましょう。

くれぐれも子どもに禁止していることを、「大人だからいいのよ」などと言わないこと。

事情によってルールを守れないときには、子どもに理由を説明しましょう。

会話のなかから社会を知らせよう

たとえば、子どもといっしょに歩いているときにチューリップの花を見つけたら、「これはチューリップというお花よ。春に咲くのよ。赤や、黄色、白、ピンクもあるわよ」と教えてみましょう。「チューリップ、言ってごらん」と真似をさせます。これは、木下式の先導理論といって、未知の事柄を教える際に使う手法です。

何度か繰り返してから、「春に咲く花は、チュー……？　なんだっけ？」と誘い水をすれば、「チューリップ」という名称が概念づけられます。「どんな色があった？」と質問の幅を広げていくと、人の話を注意してきく習慣が生まれます。

また、ものの名称だけでなく、「お友だちを叩いてケガをさせてはいけないよ」「人のものを勝手に使ってはだめよ」など、してはいけないことを子どもの心に刻むこともできます。

その後、先導を用いて、「お友だちを叩くのは……？」「人のものを勝手に使うのは……？」と語尾を上げてたずねれば、子どもから「ダメ」という答えが返り、親子共通のルールを確認できるはずです。

曜日やスケジュールを理解させよう

お稽古事などに通うようになったら、月日、曜日、季節などにも意識をもたせましょう。自分の誕生日なども教え、いろいろなことに興味をもつように仕向けたいものです。

お子さん自身のスケジュールも、「月曜日は水泳の日、火曜日は公園に行く日」と、自分から生活のリズムを把握できるようにうながしましょう。

不定期で働くお母さんをもつお子さんは、毎週予定が変わるため、自然には一週間の予定を覚えることができません。

お母さんは自分の予定を手帳で管理するように、子どもにも事前にスケジュールを伝え、子どもが日々の出来事に意識をもって過ごせるようにしたいものです。

お手伝いで家族の絆をつくろう

三歳を過ぎたら、家族の一員として役割を与え、お手伝いの習慣をもたせましょう。

お父さんに新聞を手渡す、お母さんのいるキッチンに食器を運ぶなど、幼児にもできることはあります。

子どもはお手伝いをすることで、人の役に立つ喜び、家族との絆を感じることができるのです。

よく小学校受験に向けて「指示行動ができない」との相談を受けますが、塾に通って大量の課題をこなす前に、「お父さんにおはしを出して」「お母さんからハンカチをもらってきて」など、大人の指示を再現するほうが実用的です。

小学校受験でほんとうに見極められるのは、単に指示行動ができるかより、どのような家庭でどんな両親がお子さんと関わって育ててきたか、ではないでしょうか。

食べ物の好き嫌いは最小限にしよう

大勢の子どもとつきあっていると、食事のしかたで、その子がどのように育てられたかが垣間見えるものです。

海外へ公演旅行に出かけたときのことです。招待を受けたレストランで、一人一個の名物料理を何人分も食べてしまった男の子がいました。ふだん自分が嫌いなものにはいっさい手をつけず、好きなものはいくらでも食べる習慣があったようです。

食べ物の好き嫌いはだれにでもあるものですが、幼いころから好きなものだけを与えたり、でき合いの食品やお菓子など味の濃いものばかりを与えるのは好ましくありません。

食事の習慣も、大きくなってからでは改善が難しいものです。

食物アレルギーなど命に関わる場合を除いて、苦手な食材でも口にする習慣をつけましょう。

幼いうちは、小さく刻んだり、すり下ろしたりなど、調理に工夫を加えるのもよいかもしれません。また、親子でいっしょに楽しく料理を作り、「自分が作ったものはおいしい」と思わせると、みずから苦手なものを口に運ぶこともあるようです。

食べることが好きな子どもにとってはなんでもないことですが、食が細い子には食べることそのものがつらいものです。がんばって食べたときには、大げさにほめてみましょう。お母さんが喜ぶと、子どもは自分から食べようとするはずです。

また、大人になると苦手なものも口にすべきときがくるものです。子どものころから、食べものに対する感謝を教え、「食事の前にはおやつを食べない」「時間内に自分の皿やお椀にあるものは食べきる」「ごはんを残したら翌日のおやつはなし」など、家庭内に食事のルールを作ることもたいせつです。

はじめての社会生活をあきらめないで

子どものなかには、「幼稚園に行きたくない……」と泣いていやがるお子さんもいるでしょう。自分中心に物事が進む家庭と違って、集団生活はがまんを求められてつらいものです。また、自分だけできないことや知らないことがあっても、いやがるようです。

お母さんは過剰に心配するより、仲よくできそうな親子を見つけたり、わが子の問題を家庭で補うなど、楽しく通うための側面支援をしましょう。

くれぐれもはじめての集団生活を簡単にあきらめないでください。それが将来のひきこもりの種かもしれないのですから。

悪いことや危険なことは注意しよう

子どもに自信が備わると、遊びが大事故につながる要因も多くなります。

たとえば、ビニール袋で遊んでいるうちに窒息したり、鋭利なもので大けがをしたり、子どもだけで水辺に行って事故にあったり、せまい場所で遊んでいるうちに出られなくなったりなど、子どもの悲しい事故はあとを絶ちません。

平素から、「とがったものは注意して扱う」「ビニール袋で遊ばない」「危険な場所や狭いところに子どもだけで近づかない」などを教えておきましょう。

ただし、危険なものをすべて排除してしまうと、子どもから危機感を奪うことにもなります。危険な存在を知らせ、どのように関わるべきかを教えることもたいせつです。

お母さんのなかには、「うちの子は臆病だから、危険なものに近づかないはず……」と信じる人もいますが、それでも教えておきましょう。

ひとりなら近づかなくても、友だちといっしょならふだんと違うことをするのが子どもです。きちんと説明されていれば、「危ないからやめよう」と言えるかもしれないのですから。

お父さんを尊敬する子育てをしよう

「お父さんのようになってね」と言われて育つ子どもは幸せです。父親を目標にしてがんばることができるからです。こう言うと、「たいした仕事もしていないし、休みは家でゴロゴロ……。あんな姿は真似てほしくない」との答えが返ってくるかもしれません。

それでも、お母さんにとって、お父さんは縁あって結婚した相手であり、子どものたいせつなお父さんです。「お父さんのようにやさしい人になってね」「うちのお父さんはほんとうに働きものよ」など、はたから見たら恥ずかしいことも、子どもには伝えたいものです。

家にいる機会が少ないお父さんを、子どもがどのように理解するかは、お母さんの言葉しだいです。「お父さんは全然帰ってこないわね。また飲んでいるのかしら」などと言うと、「お父さんが会社で遊んでいる」と思わせてしまいます。

一般に、年齢が幼いうちは、子どもはお父さんよりお母さんを好み、求めるものです。だからといって、お父さんの存在を軽視したり、お父さんが子育てに関わらなくていいということではありません。

子どもは成長する過程で、必ず女性では歯止めがきかなくなる時期が来るものです。そのときになって男性の存在を求めたのでは遅いのです。

お母さんはわが子に寄り添い社会に出るための準備を。お父さんは社会の厳しさを知る大人として、毅然とした態度を示す責任があると私は思っています。

⑤精神を鍛えるために

納得しなくても、すべきことがある

お母さんのなかには子どもにストレスを与えないように、本人がいやがることはせず、納得したことだけさせたいという人もいます。ですが、「快ストレス」といって、軽いストレスは人が強く生きるためには欠かせないものといわれます。

また、社会に出れば自分の感情や都合だけが尊重されることはまずありません。

子どもが将来強く生きるためにも、勉強やお稽古、お手伝いなど、子どもが納得できないタイミングでも、物事に対応できる柔軟性は育てておきたいものです。

苦手なことを乗り越えさせて

最近、「子どもに成功体験をさせよう」という言葉を耳にしますが、苦手なことを克服してはじめて感じるのが成功体験であり、できて当たり前のことをしてほめられても、心からうれしいとは思えないものです。

子どものなかには苦手なことから逃げるために、「頭が痛い。おなかが痛い」と体の不調を訴える子もいます。

こういうときには、子どもの気持ちを切り替えさせる「こわい存在」が必要になります。秋田県には「なまはげ」という伝説の怖い存在がいて「悪い子はいないか」と探しにくるそうですが、子育てには、「子どもの心の弱さや悪さ」を追いだせる存在が欠かせません。

怖いものを使ってしつけをすると、トラウマになると心配する人もいますが、ただ怖がらせたり、言いなりにするのではなく、子どもの心を入れ替えさせることに意味があるのです。

親子の時間に共同作業もしよう

平日に働くお父さんにとって、お子さんとじっくり過ごせるのが週末です。行楽地で楽しく過ごすのもよいですが、掃除をしたり、料理をしたり、ふだん家でいっしょにできないこともしてみましょう。

働く親御さんのなかには、いっしょにいる時間が少ないことから、楽しい時間に子どもを叱りたくないという人もいます。

ですが、子どもは悪いことをした瞬間に注意されないと、何が悪いかを理解できないものです。たいせつな時間だからこそ有意義な時間にしたいものです。

⑥自立をさせるために

親のように育っているか見極めよう

子育てをする際によその子と比べすぎるのは好ましくありませんが、親御さんが同年齢のころと比べるのはたいせつなことです。

もし同じ能力が備わっていないなら、自分が育ててもらったようにわが子を育てていないとの警告かもしれません。

りんちゃん（仮名）はお母さんと同じく五歳でピアノをはじめたのですが、うまくいきませんでした。それには理由がありました。

お母さんは専業主婦のおばあさんによって育てられましたが、りんちゃんは赤ちゃんのころから集団生活をしていたため、ピアノをはじめるために必要な知識がたりなかったのです。

また、お母さんと離れて過ごす時間が長いお子さんは、いっしょにいる時間はなるべくおだやかに過ごしたいと願っています。それなのに、ピアノの練習で「違うでしょ？」「どうしてできないの？」と言われて悲しくなったのかもしれません。

りんちゃんがピアノを弾けるようにするには、大人が充分に手をかけて音楽の基礎を身につけさせる必要があるということで、楽院に入学したのです。お母さんに心の余裕ができて、母子の関係はとてもよくなりました。

自分のことは自分でさせよう

「幼稚園の持ち物管理はぜったいにお母さんが手伝ってはいけません。もし用意をしていなかったら、『何か忘れていることはない？』と思い出させてください。それでも気づかなかったら、忘れ物をさせましょう」。

これは甥が通った幼稚園の園長先生からご指導を受けたことでした。私はこの教えにとても共感したのです。

なぜなら、親の手伝いがないと何もできない子どもは、どんなにいい教育を与えても能力が発揮できない、と平素の音感教育で実感しているからです。

自分のことを自分でできる力は、生きるための基本であることを忘れないでください。

親元を離れて宿泊する機会を与えよう

私が小学生だったころ、わが家には四〜五歳の生徒がよくお泊りにきたものです。

生活を共にすると、その子がなぜ「お泊り」に選ばれたかがわかりました。洋服の脱ぎ着ができない、食が細くてあまり食べない、指示がないと何もしないなど、自立心の欠如が、音感の授業で伸び悩む原因だったのです。

お泊りにきて自分から進んで行動できるようになると、同級生との差が解消され、親元へ帰っていきました。

よその家で寝食をすると、子どものわがままは是正され、自分でできることが増えるものです。また、子どもから解放されたお母さんは、わが子に対する愛情を感じる機会となるでしょう。まずは、なじみある親戚の家からはじめ、幼稚園やお稽古事の合宿やキャンプなどに参加させ、子離れ、親離れの練習をしたいものです。

お金の教育で感謝を教えよう

何気なく「お金がない」と口にしたお母さんに、「銀行に行ってもらってくれば？」と言った小学生の子がいました。

大人がきちんと説明しないかぎり、子どもは「お金のしくみ」を理解しません。なるべく早期に「お金は親御さんが働いた対価であり、湯水のように使えない」と教える必要性を感じます。最近は、幼児でもお正月にお年玉をもって自分で買いものをすることもあるでしょう。それが五歳として成人までには十五年しかありません。この間に、お金に対する親御さんの考えを正しく伝えておきたいものです。

「子どものうちはお金の心配などさせたくない。大人になったらいやでも苦労するから……」という親御さんがいますが、この考えは、子どもに「親はお金をもっているから、何も心配ない」という考えをもたせ、いつまでも働かなかったり、親に無心しつづける原因になりかねません。

年をとってからわが子に苦労をさせられないように、幼児期にほんとうのことを教えることがたいせつです。

10 小学生のうちにしておきたいこと
――思春期にあわてないために

小学校に入ると、素直だった子もしだいに大人の言葉を聞かなくなり、返事の代わりに「えー？」と不満そうな声を出したりするようになっていきます。

真剣に関わる大人には腹立たしく感じますが、これは、子どもたちが小学校という外の社会に慣れて自信を備えたあかしです。

幼児期と比べればけっしてかわいくはありませんが、成長の一過程なのです。

素直でなくなったわが子の扱いに困ると、急に冷たくしたり、突き放そうとするお母さんがいますが、これはお子さんをもっと悪い態度へとうながし、逆効果です。

反対に、良好な関係を望むあまり「欲しいものは？」「あなたの好きなお菓子を買ってきたわよ」と過剰に甘やかすと、「お母さんと仲よくするからお小遣いをちょうだい」と足元を見られるでしょう。

どちらの方法も、子どもの自立を妨げるという点では同じ結果が生じるので、気をつけなければなりません。わが子が素直でなくても、話を聞いていなくても、親御さんができることはただひとつしかありません。

それは「正しいことは正しい」「悪いことは悪い」と言いつづけることです。

楽院でも、小学生になった子どもたちには変化があらわれます。

幼児だったときは「がんばって先生に認められよう」と一生懸命歌っていたのに、無気力な様子で合唱に参加したりするのです。注意をすると「声を出して歌っている」と不満そうな顔を見せたりします。

合唱はただ声を出すだけでなく、ほかの人の声を聴いたり、指揮者の心を受け止めてみんなで協力しなければ成立しません。このことを理解させるまで、あきらめずに指導を続けるしかないのです。

なかには「一生懸命取り組まないからやめなさい」と中断させる親御さんもありますが、子どもが自分から「音楽は楽しい」「人と協力すると達成感がある」と気づくまで、大人が子どもの成長を待つこともたいせつなのです。

いっとき意欲を失っても、継続していれば、やがて音楽は特技となり、心の支えとなるはずです。これは音楽に限ったことではなく、一度はじめたことは自信がもてるまで継続する、という考えが必要です。


洋子ちゃん（仮名）は「五年生のころ、木下先生から『おまえの音楽は喜びがない』と言われて意味がわからなかった。一生懸命やっているのに、『喜びがないってどういうこと？　何に喜べばいいの』と思った」と大人になって教えてくれました。

当時、洋子ちゃんは私たちがどんなに親身になっても、「仕事だから私にかまっているだけでしょう？」。そんな目つきで挑んできたものでした。そうした心の様子が歌声にあらわれていたから「喜びがない」と指摘されたのかもしれません。

厳しかったお母さんは、洋子ちゃんの気持ちに関係なく、ピアノや勉強を長時間無理強いしてしまったようです。

結果「あと少しで卒業」という時期に、本人の意思で楽院をやめることになりましたが、十年以上経って、「途中でやめたことを後悔している。無理にでも続けさせてほしかった」と言われて、大人のほうが驚いてしまいました。

音楽も学習も、長時間、無理強いしたからといって上達するものではありません。美しいものを見て感動したり、本や歴史を学んで見たことがない世界にあこがれたり、悲しい出来事を切なく感じるなど、子どもがもつ感受性が、勉学や芸事、そして生き方のすべてにあらわれるのです。

成績も大事でしょう。偏差値の高い学校への進学を重要視する家庭もあるでしょう。ですが、子どもの人間性や心を育てるためには、家庭における親子の関わりがたいせつです。何気ない会話から、親子で価値観を共有したいものです。子どもは身近な人の体験談や大人の話が大好きなものです。学校の勉強とは違う興味を示すでしょう。

また、おたがいに読んだ本について話し合ったり、音楽を聴いて感じたことを話すなども、子どもの心の栄養になるはずです。

①わが子の能力を高める

親御さんも学ぶ姿勢を見せよう

親御さんのなかには「自分は勉強が苦手だったから、子どもには『勉強、勉強』と言いたくない」「学校で習ったことで人生に役立ったことは少ない」と思う人もあるでしょう。ですが、私たちの生活は学校で勉強したことで成り立っています。

たとえば、携帯電話やパソコンなどの便利な製品は理科や算数が得意な人によって開発されたものですし、日常の生活では国語や算数の知識を多く使っています。そう考えると、勉強はしないより、したほうがいいと感じます。

ただし、有名な学校に合格することだけを目的にするのではなく、新しいことを学び、知識を増やし、何か問題が起きたときには自分自身で解決できる大人になるためにさせたいものです。

親御さんのなかには子どもの宿題を肩代わりしてでも、わが子の評価をあげたいと考える人もいます。ですが、いっとき成績があがっても子どもにはなにも身につきません。

もし、親御さんが「自分が苦手だったから子どもにがんばってほしい」と思うなら、学校や塾に任せるのではなく、お母さんみずから勉強して教えたほうがよいと感じます。親御さんに苦手意識があることをわが子にだけさせるのは不可能だからです。

親と子は別人格ですが、幼いころの子どもの能力は親御さんの影響を色濃く受けているものです。

読書好きな子には、読書の楽しさを知る親御さんがいます。順序立てて説明できる子の親御さんは、子ども以上に論理的です。教え上手な子の親御さんが、「先生」と呼ばれる職業であるのはめずらしいことではありません。

十歳までの子どもの能力は子どもだけの責任ではなく、それぞれの家庭で身につけたことです。そして、わが子を向学心のある人間に育てたいのなら、親御さん自身が努力して学ぶ姿を示すことがいちばんの近道かもしれません。

習ったことを生かしてみよう

お子さんがどんなにいい学校やお稽古事に通っていても、それだけで安心はしないでください。わが子の知識や理解力をどのように伸ばすかは、家庭しだいだからです。

たとえば、計算テストの点数がよくても、お店でお金の計算ができなければ意味はありません。どんなに漢字が得意でも、案内板の意味が理解できないなら、充分な国語力ではないでしょう。英語を習ったら、困った人に自分から話しかけられる会話力は備えてほしいと思います。ピアノを勉強しているのなら、人前で披露できるレパートリーをもつなど、ふだん勉強している成果を日常で生かせるようにしたいものです。

子どもはテストで何点を取るかではなく、生きるうえでどのように役立ったかによって、勉強の意義を感じるものなのですから。

②体を育てるために

人間がもつ機能を大切にしよう

脳科学の見地から、子どものお稽古事には、ピアノやそろばんなど指先を使うものがいいと言われています。これは手指を使うことで脳が発達するからです。しかし、次々と開発される文明の利器は、結果的に人間の運動能力を損なっているようです。

たとえば、パソコンや携帯電話のメール機能では、「あ」と一字打ちこむと、そこには「あなた」「ありがとう」「明日」「朝日」などの単語が並びます。また、漢字もいくつかの候補が表示されるため、辞書を調べる必要もありません。ですが、目で見て一瞬で確認するのと、辞書を開いて覚えたものとでは、記憶の度合いが異なるのです。

ほかにもタブレットのパソコンで自在にお絵描きができるソフトがありますが、画用紙やクレヨン、絵の具を用意したり、濃度を確かめながら絵の具を混ぜるなど、無駄に見える作業が、手指を動かしたり、感覚を鍛えていたはずなのです。

外に出れば、歩く歩道や自動ドアなど、危険がないように安全装置付きの機械がたくさんあります。私たちは運動機能だけでなく、危機感も失いつつあります。

人とのコミュニケーションは、声を出して話すよりパソコンやスマートフォンのソフトを使ったチャットが好まれます。喜怒哀楽は絵文字やスタンプで表し、相手の目、表情、雰囲気から気持ちを推しはかる勘もはたらかなくなってきました。

時代の流れによって今後も便利なものはどんどん開発されていくでしょう。わが子にだけ使用を禁じても、やがて手にするでしょう。文明の利器に身体機能を奪われることなく、上手に使いこなすためには、私たち大人にしっかりした考えや工夫が必要ではないでしょうか。

体力づくりで自信を育てる

一般に賢いお子さんは運動を好まない傾向があり、お母さんも「勉強ができればいい」と考えるようです。

けれど、どんなに優秀でも体力がなければ、自分のしたいことがまっとうできません。とくに男の子は成長すると体力をもてあますことがあるため、何かひとつ長く打ち込める種目を与えたいものです。また、運動が苦手なら、なおさら能力を高める努力はたいせつです。

私自身、運動は得意ではありませんが、子どものころから縄跳びやマラソンの特訓を受けたためか基礎体力が高く、なにより、たいへんなときほど意欲もやる気も湧くようです。

運動が苦手なお子さんは、小学生になってから体を使うお稽古をはじめるのは負担が大きいようです。

無理になにかをはじめるより、家族いっしょに体を動かす機会をもちましょう。

◇◇◇◇◇◇◇◇◇◇◇◇◇◇◇◇◇◇

ちょっとしたひとこと

長年おこなってきた楽院の音楽合宿では、必ず毎朝三キロの距離をマラソンをさせ、最終日には、マラソン大会をおこなってきました。上位三位にはトロフィーと賞品を授与し、最下位三名は、両手を頭にのせ「参った」のポーズで写真を残します。

◇◇◇◇◇◇◇◇◇◇◇◇◇◇◇◇◇◇

幼いころから、兄弟姉妹のように合宿に参加する子どもにとって、ブービー賞の可能性はだれにでもあることです。また、そこには、長年、教えてきた指導者の「来年こそ、がんばれ」との強い願いが込められていますが、弱者への配慮をいちばんに考える公教育に慣れた人には抵抗があるかもしれません。ですが、これにも理由があります。

運動が得意な子どもにとってマラソンは楽しい種目ですが、苦手な子どもには最初からあきらめの気持ちがあります。最下位を写真に記録することは、「せめて下級生よりは早く走ろう」とか「最下位は恥ずかしいからいやだ」と全力を出す原動力になるのです。たいせつなのは順位ではなく、自分の力を出し切って取り組む姿勢です。

これを教えないと、「負けそうになったからやる気が起きなかった」と勝ち目のない戦いをあきらめるくせがつきます。どんな状況でも最善を尽くすことを教えたいものです。

③心を育てるために

叱るときに心の動きを見極めよう

子どもが成長するにしたがって、叱るべき機会は変わってくるものです。その際、受け止めるべき感情と叱るべき事柄を、よく見極めましょう。

受け止めるべき感情は、「失望」「落胆」「悲しみ」「怒り」「悔しさ」「嫉妬」など、私たちだれもがもつマイナスの気持ちです。

ただし、それをきっかけに感情を爆発させると、周囲に迷惑をかけて友だちも遠ざかってしまいます。そこで、感情のコントロールを教える必要があるのです。

「仲間はずれにされたことを怒ったんだね」「お友だちのほうがじょうずでやきもちを焼いたんだね」など子どもの気持ちを認めたうえで、「友だちを叩いてはダメ」「人の作っているものを壊してはダメ」と叱っている事柄を明確にしましょう。

大人が一方的に激しく叱っただけでは、子どもが真意を理解できないことが多くあります。また、自分の気持ちを理解してくれない大人のことばには、素直になれないこともあるでしょう。

ただし、どんな理由があっても間髪をいれずに「悪いことは悪い」と叱るべきことがあります。うそをついて約束をやぶる、卑怯なことをする、責任転嫁をする、人のものを盗《と》る、他人を傷つけたりおとしいれる、命の危険に関わること、などにはけっして甘い顔を見せたり、見逃してはなりません。

なぜなら、それがのちに大きな事件や事故に発展する可能性があるからです。子どもを叱るのは、将来その子が社会に出て危険な目にあわないためであることを、忘れないようにしたいものです。

大きくなるほど怖いものは必要

楽院の合宿では必ず肝試《きも》しをします。感受性豊かな子ども時代にこそ、目に見えないものを怖いと感じたり、自分より強いものの存在に出会う必要があると感じるからです。

真っ暗な森のなかをペンライト一本で歩くこのイベントは、大人でも怖いものです。なかには「キャーキャー」と大騒ぎして興奮を楽しむ子もいれば、心底、怖がる子もいます。

とくに、ふだんは強そうで傍若無人《ぼうじゃくぶじん》な子、感情を表に出さない子が、驚くような怖がり方をします。想像力が豊かな子は、みずからの想像をふくらませてさらに怖がるようです。反対に日常のことに精通していない幼児は、恐怖に気づかないこともあるのです。恐怖は子どもの心と想像力の発達もあらわしています。

毎年、「なぜ、子どもに肝試しをさせるのか」との質問を受けますが、その理由は、三つあります。

一つめは、目に見えないものへの畏敬の念をもってほしいからです。これが心にある人は「人間としてぜったいにしてはいけないこと」はしないと信じているのです。

二つめは、自分の心の奥にある真の感情に向き合ってほしいからです。最近、大人も子どもも感情を表に出さず、なるべくおだやかに過ごすことを心がけているように見えます。ですが、音楽で求められるのは感情です。どんなに無関心をよそおっても引きだされる自分の感情に向き合ってほしいのです。

三つめは、ふだん自分を愛し守ってくれる両親への感謝です。「お母さん、お父さん」と叫んでほしいと思います。子どもにとって肝試しがつらいのは、自分の非力さを思い知るからです。そこには助けてくれる親御さんもいません。だからこそ、ありがたみがわかるのです。

ただし、子どもたちにこれだけ怖い思いをさせるのですから、私たち大人も「何があってもぜったいに守る」という気概と責任をもっておこなっています。

親御さんがどんな理想的な子育てをしたとしても、子どもは悪いこともずるいことも覚えてきます。

たとえば、お母さんとふたりのときは、「ぼくがやってあげるよ」とかわいい姿を見せても、仲間といっしょだと調子に乗り、悪いことや危ないことをするのが子どもです。知らないあいだに人を傷つけることもあるかもしれません。

そんなとき、怖い存在もなく、叱る人もいなければ、子どもが自分を戒《いまし》める機会はなく、自分の力を過信します。

現実には肝試しより怖い試練がいくらでもあります。震災、津波、病気など、大きな問題に直面したときに、目をそらす人間に育つか、自分のできることを考え問題を解決しようとするかは、子ども時代の教育や経験次第であると感じます。

子どもたちは、肝試しが怖くて嫌いですが、年々その怖さに慣れ、打ち勝つ強さを身につけていきます。

大人になった卒業生が、社会で打たれ強く、自分で物事に打ち勝とうとするのは、もしかするとこの肝試しの経験が一助になったのかもしれません。

命のたいせつさは大人の姿から教えよう

日本人は死をタブー視する傾向がありますが、私たちをはじめ、すべての人には命に限りがあります。昔は、家族の葬式などから、それを学ぶ機会がありました。今は事情が異なり、子どもは、人はいつか死ぬことも、命のたいせつさも知らないまま成長していきます。

最近、青少年が関わる多くの事件で、「死ぬとは思わなかった」「殺すつもりはなかった」という供述を耳にします。

人と死別した経験もないまま、ゲームのなかでだけ「殺したり、死んだり」を経験していたら、現実の死を正しくは理解できないでしょう。

私たちは子育てをするときに、子どもをたいせつに育てることばかりに目を向けてしまいます。しかし、子どもを正しく育てたいと思うなら、私たち大人が、育ててくれた親や親族に感謝して、仏壇やお墓に手を合わせたり、他人のために働く姿を子どもに見せることが、何よりの教育なのかもしれません。

④精神を鍛えるために

何事も中途半端はやめよう

子どもが「やりたい」と言ったらすぐはじめ、「やめたい」と言ったらすぐやめる。一見、子どもの意志を尊重するよい親御さんに見えますが、責任のある保護者としては好ましい対応ではないでしょう。

子どもに主導権を渡すと、「そのときにいちばん楽しそうなこと」を選択します。ですがどんなことにも「いい時期」「悪い時期」があり、困難の乗り越え方を教えなければ、何をしても長く続きません。

「たかがお稽古事」と思うかもしれませんが、「これがうまくいかないからあれ」「あれよりはそれ」「それはたいへんだから、やはりこれ」……次から次へと新しいことに手をつける習慣は、大人になってからの価値観や生き方に影響します。

何かをはじめる際、やめる際は、子どもまかせにするのではなく、家族で真剣に話し合うことが大事です。

また、わが子が努力せずにいい結果を出したら、親御さんは手放しで喜ぶことを慎みましょう。努力せずに結果を出すことこそ、いちばんすばらしいというメッセージになるからです。世のなかで成果をあげている人は、才能だけに頼らず努力もできる人なのですから。

お父さんにも子育ての責任がある

公共の場で泣いたり怒ったりして迷惑をかける子どものそばには、たいてい口うるさいお母さんと、何も言わないお父さんがいる印象を受けます。

一般でも社会的な問題を起こす子どもの家庭は、「教育熱心な母親がいて父親の陰が薄い」と言われますが、子どもを健全に育てるためには男親の存在は欠かせません。ふだんはやさしくて物静かでも、大事なときには、その家庭の考えや方針も毅然と示し注意する、そんなお父さんです。

娘をもつお父さんは「男性には気難しい面もあり、つねに思いどおりになる相手ではない」ことをだいじなお嬢さんに教えてください。

息子をもっているお父さんは「男としての強さやたくましさと、社会に対する責任」を教えましょう。それが男親の役割であると、私は思うのです。

お母さんだけの子育ては女性目線で物事を判断する習慣がつく心配があります。

社会に出るためには、ひとつの事柄を多面的に見られる必要があり、お父さんをはじめ、大勢の人の意見に耳を傾けられるように育てたいものです。

⑤社会性を育て自立させるために

よその人と話ができるように

卒業生のみさとちゃん（仮名）が高校生になって、お母さんの友人が大勢集まる場に出席しました。お母さんから「ちゃんとあいさつをして」と言われましたが、「どうも」のひと言しか思い浮かばず、あとで厳しく叱られたそうです。

残念ながら、小学校で国語を勉強しても、論理力、文章力、コミュニケーション力をつけることは不可能のようです。もし、クラスに論理的に話せる子がいたら、その家庭に論理的に話す習慣があるからでしょう。

ふだんから家庭で意識して、よその人に何かをたずねる、物事を順序立てて話す、初対面の人と話す、目上の人と話すなどの機会をもつことがたいせつです。

家の手伝いをさせよう

小学生になったら、より実用的な手伝いをさせましょう。ごはんの炊《た》き方や簡単な料理、洗い物や洗濯なども教えましょう。

くれぐれも「子どもの仕事は勉強だけ」という考えは禁物です。

子どもに手伝わせると、お母さんの手間は増えますが、子どもが自分から取り組む気持ちをたいせつにしましょう。

またやり方が悪いときには、いっしょにやり直して正しい方法も教えましょう。

子どものころに少しでも挑戦したことが、大人になって役に立つことがあります。お母さんから離れたときに、お子さんがひとりでも同じことをできるようにしたいものです。

あいさつや返事を忘れないようにしよう

最近、人前で話すのが苦手な社会人は、会話教室に通うようです。

そこで最初に習うのはあいさつと返事です。これを身につけると人間関係が改善され仕事の成績もあがるといいます。

あいさつも返事も、幼いころに習ったはずなのに、なぜ、このようなことが起きるのでしょう。

私たちが暮らす日本では、集団のなかでは誰かひとりが突出するのを好まない傾向があります。

そのため、自信をもって声が出しにくいようです。

ですが、あいさつや返事は、「いい一日になるといいですね」「あなた受け入れていますよ」と相手への思いやりをあらわすたいせつなものです。

将来、子どもが困らないように、気持ちよくあいさつや返事ができる環境を作りたいものです。

親がいないときのマナーを教えよう

小学生になると親子ぐるみのつきあいが減り、子どもだけで友だちの家を訪ねることも増えていきます。こうしたときに家庭教育の真価が問われます。

子どもがよその家でも堂々と振舞えるように、家庭内であいさつや返事をする、靴をそろえる、聞かれたことにきちんと応える、片付けをする、お礼を言うなどを習慣にしたいものです。

わが子がお世話になった相手にはお礼の電話をかけたり、手紙を書いたりする姿も見せましょう。

これは大人同士の良好な関係をはぐくむとともに、子どもに他人とのかかわり方を教えるたいせつな機会です。

子ども同士のいさかいについて考えよう

もし、夫婦ゲンカをしているところにだれかが来て「あなたが悪いからいけない」と一方的に決めつけられたら、どう思いますか。「何も知らないくせに」と不愉快に思いませんか。反対に「ほんとうにひどいわね。あんな人といっしょにいるべきじゃないわ」と同情されたら、仲直りのきっかけを失ってしまうかもしれません。

子ども同士のいさかいも同じです。子どもが「いじめられた」と告白したときには、「あなたが自分勝手だからいじめられるのよ」と決めつけたり、「だれにやられたの？　どうしたの？」とわが子の言い分を根掘り葉掘り聞くことも、好ましいことではありません。子どもは大好きなお母さんに否定されるととくに傷つくことから、事実以上に大げさな作り話をすることがあるからです。

子どもの争いごとには必ず双方に言い分があります。わが子だけを疑うのも、信じるのも好ましくはありません。

大人として中立を保ちながら、些細ないさかいがきっかけで学校に行かれなくなったりしないよう、対応が必要です。

また、最近は子ども同士のいさかいが大事件の引き金になることもあるため、目つきが悪くなったり、無気力になったりなど、わが子の変化に気づく観察眼も必要です。

学校へ行かせる理由は

学校が嫌いだった私がいちばん楽しかったのは、長時間、仲間と関わる楽院の特別練習や合宿でした。休憩になると下級生から上級生までが集まり、おたがいに世話をしたりされたりしたものでした。

ところが最近では、楽院でも大人のだれかが号令をかけなければ、なかなか仲間と行動できず、現代社会のコミュニケーション能力の欠如は、小学生のころにはじまっていることを感じています。

問題を抱えてわが家にくる卒業生は、共通して居心地のよい相手ばかりと関わったものでした。小さいころから慣れ親しんだ家族や親戚、かわいがってくれる先生や先輩など、特別扱いを受けられる環境です。反して、同級生同士の社会はシビアです。自分のことばかり考えるのではなく、クラスメートの発言や感情にも気配りが求められます。

私もこれで苦労しましたが、子ども時代の一時期、思いどおりにはならない人間関係に身をおくことは、将来役に立つと思うのです。

世の中には価値観が異なる人が大勢います。気の合う人もいれば、合わない人もいるでしょう。そんななかで他人と折り合いをつける方法を学ぶ社会勉強の場が、学校だと思うのです。最近、いじめによる自殺などが増えたため、「不登校でもいい」との考えもありますが、安易に考えると、一生ひきこもりになるかもしれません。

わが子の目の輝きや顔色を観察しながら、極端に気力や意欲を失っているときは学校以外の安息の場——家庭やほかの集まり——を与え、親御さんは「いつもわが子の味方である」と伝えてから学校に送りだすこともたいせつではないでしょうか。

親が想像力を働かせよう

子どもを犯罪から守るために「襲われたときの対応」を教える団体があるそうです。襲われた状況を想定して、「キャー」と言って逃げる練習をして、いざというときに身を守れるように訓練するのです。

大人は経験をもとに想像力をめぐらせて物事に対応しますが、人生経験が少ない子どもは、いろいろな場面を想定させておかないと、とっさに反応できないのです。

大震災の際、電車が止まり、おおぜいの人が線路の上を歩いて移動したと聞いた妹は、兄甥に、

「ひとりのときに電車が止まったら、いちばん頼りになりそうな大人を見つけていっしょに行動しなさい」と伝えました。非常時には感性を研ぎ澄まして、まわりを観察してほしいと思ったのでしょう。

たいていの子どもは、服装や持ち物でその人が頼りになるかどうかを判断しますが、それ以外にも人がもつ雰囲気やオーラ、態度など、動物的第六感を鍛えたいものです。

ふだんから、「頼りがいがありそうだ」「この人はまだ若いから、学生さんかな」など親子で歩くときにいっしょに観察する習慣をもちたいものです。

お父さんお母さんが働く姿を見せよう

子どもは成長してやがて社会に出るでしょう。その予行練習として親御さんの仕事について興味をもたせておきたいものです。

親御さんのなかには、「たいした仕事はしていない」と触れたがらない人もいますが、どんな職業にも苦労や喜びがあります。職場を見せられる環境にあるなら連れていき、不可能であればどんな仕事をしているかを伝えましょう。

仕事をするなかで、何がうれしく、何がつらいかなどや、仕事に向き合う真剣な気持ちなどを親から子に伝えることが、生きた教育になるのです。

お金の使い方を教えよう

小学生になったら、月額制でお小遣いを渡す家もあれば、そのつど必要な代金を渡す家もあるでしょう。どちらにしても、子どもの言うがままに与えるのではなく、親御さんがお金に対して揺るがない考えを示す必要があります。

パートの最低賃金は一時間六百六十四円～八百六十九円（平成二十五年厚生労働省調べ）です。大人が何十時間も働かないと稼げない額を簡単に子どもに与えると、自分で働くより親元で扶養されるほうが楽だと思わせてしまいます。

お金を渡したら、「何をいくらで買ったか」「手元にいくら残っているか」などを報告させ、大人が知らないお金や物のやりとりがないように監督したいものです。大人があずかり知らないお金が、子ども社会の「たかり」や「ゆすり」を誘発することもあるのですから。

勤労意欲のある子どもに育てよう

日々の学習や家事の手伝いにごほうびを出すのは教育上好ましくありませんが、「子どものお手伝い」を越えた勤労やがんばりには、報酬も効果的です。「自分の労力によってお金を得る」という生活の基本を教えることになるからです。

私は地方で講演をする際、甥を同行します。甥は自分の出番までけっして騒がず待ち、私が声をかければ、歌唱や聴音など、木下式の教育成果を披露するのです。

そんな甥の姿に「小さいのにかわいそう」とか「長時間、静かに待っているだけでえらい」とのささやきもありますが、わが家はそれで生計を立てているのですから、家業の手伝いは当たり前です。ただし、ささやかですが小さな袋に出演料を入れて渡します。甥はそのお金で好きな本やおもちゃを買うこともあれば、妹に渡して貯金することもあります。

報酬とは少し違いますが、卒業生のなかには、ピアノの教本が一冊終わると千円もらえる家庭がありました。ピアノの本は薄くても一冊に二十五曲ほどあります。あと数曲で教本が終わるというときに、「もう少しがんばればごほうび」と思うと練習へのモチベーションがあがったようです。

ほかにもお母さんが「アイロンがけが得意ではない」と理由をつけて「ハンカチ一枚十円」のお駄賃でアイロンがけをする子もいました。裕福な家庭でも、お金を貯めてほしいものを買うことを教えられるのだと勉強になりました。どちらの生徒も、自分の希望をかなえるために努力できる若者に成長しています。

⑥自立をさせるために

自分のまわりに目を向けさせよう

最近は日本も物騒になり、小学生でも親御さんが送迎するのが当たり前になりました。ですが、これが子どもたちに、自分の住む地域や交通機関などに関心を向けさせない一因にもなっています。

小学生は自宅の最寄り駅と路線名は知っていても、毎日、歩く幹線道路や交差点、自宅のある地域の名称を知らないこともあるようです。

時間が許すなら、親子で地図を片手に周辺地域を歩いてみるのも大事な経験です。

また、どこの地域にも緊急避難場所があるはずです。万が一のとき、家族がどこで落ち合うかなどもふだんから話しあっておきましょう。

自分で考えて最良の行動を

「もしだれもいないときに雨が降ってきて、洗濯物が干してあったら」——あなたのお子さんならどうしますか？　そして、お母さんはどうしてほしいですか？

あるお母さんがわが子の自立のために、ひとりで留守番をするチャンスを作ったときのことです。洗濯物についてなんの注意もなかったため、その子は雨が降ってきても洗濯物を取りこまなかったそうです。

そのお母さんは、「家族としてどうするべきか考えなさい」と教えました。親がいなくても自分で考えて行動する人に育てたかったのでしょう。

実生活には、子どもを大人にする試験がちりばめられています。しかし問題は机上にはありません。自分で気づく必要があるのです。もし、「雨が降っていることに気づかなかった」「洗濯物が干してあることに気づかなかった」というなら、大人になるテストは不合格です。親御さんがいなくても、問題を解決できる子に育てたいものです。

親以外に心を許せる相手を作ろう

子どもは十歳を過ぎると、親の言うことにあまり耳を貸さなくなるものです。

これまで一生懸命育ててきたお母さんにはさびしいことですが、物影に隠れてわが子を見守ることを覚えるときです。そして、わが子は親戚やお稽古事の先生、スポーツのコーチなど、信頼できる大人に託しましょう。

ただし、言うことを聞かなくなってからだれかを探すのでは遅すぎます。子どもが幼いうちから、親御さんが家族以外の人と良好な関係を築く姿を見せておきましょう。

お父さんが遠くに暮らすヒロくん（仮名）は、すばらしい美声の持ち主でしたが、音楽会や合宿など緊張を強いられると知恵熱を出してメソメソする男の子でした。ヒロくんが少しでも自分の力を発揮する強さをもつようにと、父は長い休みにうちであずかったものでした。在籍中は気弱なイメージだったヒロくんですが、現在は社会人として責任のある立場でがんばっています。

子どもは家族だけでなく、他人や社会に育てられるものです。

だからこそ、親以外からも愛される人に育てておく必要があると思うのです。

11

思春期を迎えたら——十代後半には目をはなせるように

楽院には「名誉団員」という称号があります。

これは、幼児部の三年、児童部の六年を修了した生徒に与えられるもので、中学、高校に進んでも合唱、聴音のレッスンを無償で受けられる制度です。

名誉団員は後輩の手本として音楽会で勉強の成果を発表したり、合宿の引率に手を貸します。楽院の合宿は四泊五日と一般と比べて長く、行事も多いため、手伝いをすると大人の苦労がわかるようです。

「ぼくは、何年も合宿を手伝ってきたから、今年こそ疲れていても子どもの相手をしようと思うけれど、疲れが極限に達すると無口になってしまう。でも、先生たちは睡眠不足で疲れているはずなのに、子どもが泣きながら『先生』とやってくると、『あらあら、どうしたの？』とやさしい声を出すし、悪いことをする子には『なにをやっているの？』と怒鳴りつけて、五日間、全然、変わらない。それを見ると先生たちにはかなわないって思うんだ……」。毎年、合宿の手伝いをする名誉団員の大洋くん（仮名）の言葉です。

彼が高校生になって外国で寮生活をはじめたときのことです。女の子が食堂でトレイを落として食べ物をすべて床にまき散らしてしまいました。みなが見て見ないふりをするなか、ただひとり手を貸したのが大洋くんでした。のちに「なんてすてきな青年なのか」とお母さんがほめられたと聞きました。

同じ空間で困っている人がいたら、気づかないふりをせず自分ができることをする。合宿では当たり前のことですが、遠い異国でも実行されたことがうれしくなりました。

とはいえ、この子も幼いころから大人に従順な優等生だったわけではありません。長いあいだ手をかけて関わるなかで、相手のことを思いやって自分がどう行動すべきかを身につけたのです。

価値観や考えは、押しつけたり学習させて身につくものではありませんが、育てられる側から育てる側へと成長する過程ではぐくまれるものです。

合宿では毎晩かならず引率者が翌日の打ち合わせをおこないますが、子どものころは、「肝試しのときに麻奈先生にひとりで行かされた」とか、「自分は悪くないのに叱られた」などと不満を口にした子どもでも、引率者として参加するころには「先生の前ではいい子でも、先生がいないと下級生に意地悪をするから注意してください」とか、「合唱は目立たないけれど、下級生にやさしいいい先輩です」と大人の目線でものごとを見る習慣がいつのまにか身についていくようです。

そのころには私たちが不在であっても後輩たちに的確な指示を与えられるようになるのです。

これこそが、世代間で何かを継承するということではないでしょうか。

男として、女として

男の子は、女の子と比べるといつまでも幼い面があり、結果的にお母さんが過保護になる傾向があります。反して、お父さんは女の子に甘くなるようです。

お母さんは息子の、お父さんは娘のわがままをすべて受け入れないように気をつけましょう。世の中には、親のようにすべてのわがままを受け入れる異性は存在しないのですから。

男の子をもつ親御さんは「女の子に対して節度をもってほしい」と思うでしょう。女の子をもつ親御さんは「悪い男性が近づかないように」と心配します。そして、男女両方をあずかる私たちは、どちらも大事だからこそ、男の子には「女の子を傷つけてはいけない」、女の子には「男性を甘く見て誤解されたり、傷つけられるきっかけを作ってはいけない」と教える責任を感じるのです。

「音感教育」に従事する私がこのようなことに言及するようになったのには、理由があります。それは、ある年の夏の合宿でのことでした。当時、小学五年生だったみさとちゃん（仮名）は私たちがミーティングでいなくなるころを見計らって、同級生のけんちゃん（仮名）に告白したそうです。

翌日の山登りで、「けんちゃんも好きと言ったら、みさとちゃんはチューをするはずだった」と女の子たちから聞かされた私は、びっくりしました。合宿中に何か問題がおきたら引率する私たちの責任です。以来、小学生とはいえ、男女のあり方についても気をつけるようになりました。

大人になった本人に確かめたところ、漫画で見たとおりをしようとしただけで、当時はたいした知識はなかったそうです。十五年前の小学生でもこんなことをするのですから、情報がさらに過剰な現代の子どもたちを案じても、案じすぎることはないと感じます。

ですが、どんなに私たちが口うるさく言っても、家庭に教えがなければ歯止めはききません。

一般に、「男女の恋愛は自由」と言いますが、それは自分の行動に責任がとれる自立した大人の話です。親が尻ぬぐいしないと問題を解決できない子どもには、恋愛のすべてが自由ではないことを、私たち大人も心にとどめなければなりません。

最近、大人になったみさとちゃんから、「麻奈先生は援助交際をしたいっていう若者をどんな言葉でとめるの？」と質問されました。

みさとちゃんは、「自分が知っている若い子には、そんな体験をさせたくない。でも、『だれにも迷惑をかけていない』と言われたらとめられない」と言います。

「犯罪だからいけない」と片づけることもできますが、みさとちゃんが求めているのは、もっと心の奥底に響く答えです。すぐに気のきいた答えは思いつきませんでしたが、とっさに、「もし、自分の生徒なら、『そんなことをさせるために小さいころから、音感教育をしたわけじゃない』と怒るでしょうね」と伝えました。親御さんであれば、「なんのためにこれまでたいせつに育ててきたと思っているの？」という気持ちです。

「でも、『お金を払いたい大人がいて、お金が必要な女の子がいて、ふたりがいいならいいでしょ』って言われたら、『そうだね』って思わない？」

「若い女の子にお金を払う男性も最低。でも、はした金で体を売る女の子も愚か。これまでたいせつに育ててきた親や先生は、自分が関わった子どもがそんなことをしたら、情けなくて涙が出るほど悲しいものなのよ……」

「自分の体は自分のものだから、だれにも関係ないって思っていたけれど、大事に思ってくれる人を悲しませるからダメなんだね」

みさとちゃんの明るい声が返ってきました。

子どもが望んでいるのは、きれいごとや決まりごとより、自分をたいせつに思う大人が体験から語る本心です。

親御さんは、「悪いことだから見てはダメ」「子どもは知らなくていいこと」と情報を遮断するだけで安心しないでください。

今の社会には派手な世界にあこがれる未熟な少女たちを食い物にする大人や、お金もうけになるなら悪影響があるものでも売ろうとする大人が大勢います。そのうえ、教師や警察官などの職に就く人さえ、愚かで恥ずべき罪を犯すのです。

ニュースやネットで情報を目にする若者が、「大人だって悪いことをしているのだから」と興味本位で悪い世界へ足を踏み入れないように、私たち大人も子どもに恥ずかしいことをしたくないと思うのです。

子どもの変化に気づく観察眼をもとう

幼児期に過干渉、過保護、過管理で育った子どもが反抗期に入ると、親しい人に起きた不幸な出来事についても、「自分のことじゃないからどうでもよい……」と、無関心な様子を見せたりするものです。

本当はやさしい心の持ち主で、「反抗期」が言わせているとわかっていても、たいせつに育てた子の心ない言葉が残念で、憤りを感じてしまうこともあります。

しかし、彼らのそうした言動のきっかけは、それまでの育て方にあると断言できます。お母さんが、自分の子どもだけを見て自分たち中心の考えをすればするほど、残念ながら子どもは、他人だけでなく、親のこともないがしろにする身勝手さを身につけてしまいます。

子どもが大きくなってから、「どうしてこんなになってしまったのか」と嘆かないためには、親御さんには、平素の何気ない言動を観察し、「自分中心の考え方をしていないか」「ひきょうなふるまいをしていないか」「他人に責任転嫁する言動がないか」「社会に迷惑をかけていないか」を感じていただきたいと思います。

心の動きを見極めるのは難しいことですが、見た目や持ち物にヒントがあります。髪型やファッションなどが急に派手になったり、親御さんが買い与えていない高価な持ち物が増えたら、注意が必要です。

最近は、男性と食事をするだけでお小遣いをもらう女子中高生もいます。また、新品の漫画本やゲームソフトを万引きしてユーズドストアに転売してお金を得る若者もいるようです。「うちの子にかぎって」ではなく、「機会があれば、うちの子も……」という覚悟は必要かもしれません。

万が一、わが子が当事者として迷惑をかけた場合は、親だけで謝罪したり、子どもにだけ責任をとらせてはなりません。

親だけで処理すると、子どもは一生、親が尻ぬぐいをするものだと思ってしまいます。反対に、子どもだけが責められると、親に対してますます反抗心が強まるでしょう。

保護者は未成年のわが子に正しいことを教える責任があり、未成年がしたことは保護者の監督不行き届きなのですから、親子で頭を下げましょう。

わが子だから信頼できる人間に育てよう

未成年に来た信書——現代なら携帯メールかもしれません——は、保護者であれば開封しても罪にはなりません。これは親権の行使のうちと考えられ、法律では未成年の行為は保護者に責任があるという意味なのです。

ただし、子どもにもプライバシーはあります。勝手に持ち物を調べたり、動向を探ったりして子どもを支配しようとすると、親子のいさかいの原因になります。

たいせつに育てられた卒業生が「お母さんが私の手帳を勝手に見る」と不満を口にしたことがあります。「まるでテレビでよく見る浮気調査みたいでしょ？　お風呂の時間や犬の散歩の隙があやしい……」。

ひとたび子どもに軽蔑されると、その信頼を回復するまでに長い時間がかかるものです。

心配なことがあったら、毅然とした態度と冷静な対話によって解決したいものです。

絆《きずな》や縁は断ち切れないことを教えよう

思春期の子どもは「親と自分は関係ない」と口にします。自立心の現れでもありますが、どんなに意気込んでも、親子の関係は断ち切れるものではありません。

よく子どもが反抗期に入ってから、「子どもが悪いことをすると、お父さんが会社をやめなければならなくなるんだぞ」とお説教をするお父さんがいますが、できれば子どもが素直なうちに、「お父さんのたいせつな子どもだから、社会に出て恥ずかしいことはぜったいにするなよ」と教えておきたいものです。

日本の社会では、たとえ成人していても、子どもが社会的なルールを犯したら、その親が責任をとって職を辞することがあります。とくに政治家など発言に影響力がある人や、社会的に地位がある人はなおさらです。それだけ、日本人の親子関係はよくも悪くも濃いのでしょう。

私は自分には子どもがいませんが、慕ってくる教え子には、似たようなことを言い聞かせています。

私の仕事は、木下式という音感教育を教えることです。その私が育てた生徒が、万が一、社会に迷惑をかけたら、木下式まで批判されかねません。

教え子たちが木下式で育ったことに恩を感じてくれるなら、有名になったり、偉い人になって恩返しをするより、木下式の名にかけて社会に恥ずかしいことをしないでほしい。そう願っています。

他人のせいにしてはいけない

子どもが問題を起こすと、友だちや学校、先生などの他人に責任転嫁をする親御さんがいます。「学校できちんと指導してくれないから」「うちの子はいい子です。まわりの子が悪いから、巻きこまれる」なども常套句《じょうとうく》。しかし、親が自分の責任を果たさず、他人に責任転嫁をしたら、子どもの問題が解決されることはありません。

たとえば、万引きをした子どものお母さんが「万引きしたくなる場所に品物を置いたほうが悪い」と店に文句をつけたとしましょう。子どもも「店が悪い」と思い、自分の行動はあらためないでしょう。

親としてすべきは、まず店側に対して、「迷惑をかけて申し訳ない」と頭を下げ、そのうえで、「社会に迷惑をかけるようなことは二度とするな」と子どもに注意することです。そして、親自身も反省点はあるかもしれません。

生意気盛りの子どもたちは、悪態をついても心の根底では「大人に頼り甲斐のある存在でいてほしい」という願望を持っています。腫れ物に触るような態度や、表面的に理解するふりではなく、本気で自分の悪事を正すために向き合ってくれる大人を必要としているのです。

ルールを守ることのたいせつさ

外国に出ると、自分が日本国民として守られていることを感じます。

その一方で、日本国民として果たすべき義務もあるのです。それは日本の国の法律を守ることであり、それを犯したら、いくら「二度としない」と言っても罪をつぐなうまでは許されません。

学校も同じです。私立校には厳しい校則がありますが、これを守ることを前提に生徒として受け入れられているのですから、校則違反をすれば退学になることもありうるのです。そのルールを嫌うなら、学校をやめて公立校に転校するか、中退して働くという選択肢もあるでしょう。義務を怠って権利だけ主張できるものではない。これはどんな小さな社会でも同じです。お母さんみずからが「学校の校則くらいならいいわよ。先生にみつからないようにうまくやりなさいよ……」などと教えたら最後、校則違反どころか、警察のお世話になりかねません。

有名大学に通う学生が「アフリカのある国から荷物を運ぶだけで千ドルの報酬が手に入る」との甘い言葉にのって、約一億五千万円相当の覚せい剤を密輸したというニュースがありました。いくら学生で世のなかのことを知らないと言っても、「知らなかった」では済まされず、空港で緊急逮捕となりました。こうした犯罪は国によっては死刑になることもあります。

どんなに偏差値の高い学校に通っていても、世間知らずから法律を犯せば、失うものはあまりにも大きいのです。

古いと言われても、ダメなことはダメと言おう

思春期の子どもは「はやってるから」と、いろいろなことに興味をもち、大人が驚くようなこ

とをするものです。

ですが、あまりにも非常識なことは「みんなもやっている」と言われても許してはならないと感じます。

若気《わかげ》の至りでタトゥーを入れ、就職や結婚のときに、何十倍もの費用をかけて皮膚移植をする二十代の若者たちのニュースがありました。タトゥーがあることで、せっかく就職した会社から「来なくていい」と採用が取り消しになったり、同僚といっしょに温泉に入れなかったり、自分のせいで子どもまでプールの入場を断られたりなど、社会的に受け入れられないことがたくさんあるからです。

どんなに「親は関係ない」と言われても、家族として許すつもりがないなら、親子の縁を切る覚悟で、真剣に説得する姿勢を見せましょう。

物わかりのいい親になってはいけない

最近の親御さんは、「自分で決めたことなら……」と何ごとも物わかりがよいと感じます。

子どもの意志を尊重するのもたいせつですが、親だからこそ、わが子を心配する気持ちはあらわしたいものです。

たとえば、お子さんが海外留学を希望したとします。治安も文化も違う外国に「軽い気持ち」で足を踏み入れるのは危険なことです。親御さんには、一度は反対して子どもの気持ちを試してほしいのです。

もし、親に反対されて断念するならその程度の気持ちであり、その軽さが異国で危険な目に遭遇する一因となるかもしれません。反対に親を押し切って出かけた子どもは、家族に心配や迷惑をかけまいと細心の注意を払います。

子どもは、親が反対しても、自分の意志を貫き、はじめて大人になるものです。だからこそ「親がまったく意見をしないこと」がいいと、私は思わないのです。

どこへ行っても裏表なく取り組もう

「授業中おしゃべりをしていたら、担任の先生に『出ていきなさい』と言われたらから帰ってきた」。高校生になった卒業生が言いました。

私は「合唱の時間に木下先生が『もう帰れ』と言ったらどうするの？」と聞きました。すると、「帰らない。だって、木下先生は『もっと一生懸命がんばれ』という意味だから……」というのです。

その子は「木下先生と学校の先生は情熱と真剣さが違う」と思ったのかもしれませんが、裏表なく人の注意を受け止めて、はじめて責任を果たす大人に成長すると私は思っています。

大勢の卒業生を見て感じるのは、人間として当たり前のことがきちんとこなせた人から夢をかなえているということです。反対に「やればできるのに、気分にムラがあって……」という人は大きなまわり道をしています。

自分の夢を実現するために努力すべきときに、努力できる人に育てたいものです。

身近な人への感謝を教えよう

私は成長する子どもたちに絶対に教えたいことがあります。それは、「人に対する感謝を忘れないこと」です。

どんな難関を突破しても、そこに到達するには陰になり日向となって育ててくれた人がいたからです。これを忘れて不遜《ふそん》な態度をしていると、いつか協力者が誰もいないさびしい人生になるのではと心配になります。

「子どものために何かするのは当然」、と何も言わずにがんばる親御さんは多くいます。ですが、身近な親に感謝できずに、子どもがよその人に感謝する人間に育つとはとうてい思えません。

少々恩着せがましくても、親が子どものためにしたことは、口に出して伝えましょう。そして、親自身も、自分が親にしてもらったことを感謝する姿を子どもに見せなければ、と思うのです。

後悔のない子育てをしよう

私には、四十歳の若さで他界した友人がいます。

それは、オーストラリアで生活していた彼女がふたりの息子と里帰り中のできごとでした。

当時、七歳と九歳だった子どもたちは、旅行の途中でお母さんが亡くなるなど予想もしていなかったはずです。葬儀で何より涙を誘ったのは、子どもたちのけなげな姿でした。

「子どもたちが十歳になるまでは、子どもと家庭のことだけを考える。そのあとはバリバリ働くから」。これが彼女の口癖でした。日本の食材を手に入れるのが難しいオーストラリアで、ご主人が好きな和食を日々食卓に並べ、日中は真っ黒になるまで子どもたちと遊び、悪いことをしたら本気で叱る、本当にいいお母さんだったのです。

若いころから何事にも全力で打ちこむ彼女の早すぎる死はとても悲しいできごとでしたが、「お母さんの死化粧をした」と誇らしげな長男の姿は、友人が精いっぱい子育てをしてきたことを物語っていました。

運命の前で私たちは非力です。一日一日をたいせつに、そして、親御さんはわが子を自立させる日を想定して、子育てをしたいものです。

私が感謝したこと

私がアメリカに留学して数カ月後、ある事件に巻きこまれました。銀行口座のお金がなくなっていたのです。

私は未熟な英語力で、「あるはずの金額がない。自分は使ったおぼえがない。何が原因かをすぐに調べてほしい」と窓口の女性に伝えました。しばらくすると、となり町の支店で私名義の小切手によっておよそ一カ月分の生活費が引きだされたことがわかりました。

私が貴重品を手放したのは、インドネシア人の友人アニータのホストファミリーに招待された数時間だけ。そのことをアニータに伝えると、彼女は真っ青になり、「警察に届けるのは待って。お金は必ず見つけるから」と言いだしました。

当時、インドネシアの留学生は日本人より裕福で、高級外車を乗り回す学生が多くいました。そんななかで、アニータとその姉はつつましく暮らしていました。ところが、となり町に住む兄が犯人だったのです。

数日後、スポーツカーで乗りつけた兄は、「倍の額を払うから、どうか警察にだけは届けないでくれ。自分がつかまると姉妹も強制送還されてしまう」とインドネシア訛《なま》りの英語で懇願しました。

私は「口座から引きだした額だけ返してくれればいい。そしてこれ以上、家族や姉妹に迷惑をかけないでほしい」と伝えました。お兄さんは何度も「本当にいいのか」と確かめながら、盗んだ金額を小切手に書きこみ、帰っていきました。

当時、けっして多額の仕送りを受けていなかった私に、友人たちは「もらっておけばよかったのに……」と言いましたが、「母ならそんなことはしない」と思ったのです。

こうした話を書くと、両親が私たち三人の子育てに大成功したように聞こえますが、母がどんな努力をしても、私たち子どもに気持ちが届かないことはたくさんあっただろうと思います。

なぜなら、思春期の子どもは「自分だけが苦しんでいる」となんでも親のせいにするものだからです。

ですが、祖父母の介護、親自身の病気、家族の問題、職場の問題など、親にも苦労があることに気づく余裕が出てくると、子どもの難しい時期も終わりに近づいています。

わが家であずかった少女も、大学を卒業するころには、こんなことを口にしました。

「あのとき高校をやめなくて本当によかった。今はなぜあんなことをしたのか、全然わからない。家のこともして、おばあちゃんの介護もして……そんなママの子どもで本当によかった」。

幼少期に親御さんから愛され、育てられていれば、たとえいっとき反抗したとしても、必ずもとに戻ることができる、私はそう確信したのです。

専門家のなかには、問題を起こす子どもに「親の愛が足りない。すべて受け入れて子どもの存在を認めることがたいせつ」という人もいます。ですがそれは、とても幼いころにしておかなければならないことです。

何も努力をしたことがないまま大きくなった子どもに、「自由にしなさい」「好きなようにしてよい」と言ったら受身で楽しむゲームやネットにのめり込んだり、誘惑されるままに悪い道に進み、ニートや引きこもり、不良になるかもしれません。

現在日本には、「仕事や学校に行かず、かつ家族以外の人との交流をほとんどせずに、六カ月以上続けて自宅にひきこもっている状態の子どもがいる家庭」が二十六万世帯あるそうです（平成二十四年厚生労働省　ひきこもり対策推進事業より）。親が幼少期から現在までの関わり方を反省して、子どもの自立に協力しないかぎりは、問題解決の糸口はないと思います。

この世に「失敗のない子育て」など存在しません。

しかし、親が愛をもって真剣に向き合えば、どんな回り道をしても子どもは必ず親の愛情に気づくものです。

子どもが親の愛情に感謝するためには、それ以前に少なからず「反抗期」があるものです。もちろん、社会に反するようなささくれ立った反抗は困ったものですが、精神的、かつ物理的に、親の保護下から離れ、ときに、親の意見に反してでも自分で考え決断する、そんな時期です。

私にとっては、十八歳で渡米したいと父に申し出たのがそのときであったと思います。私が旅立ってしばらく、父が私の身を案じて、写経をしていたと教えてくれた人がありました。

長い人生を生きてきた親にとって、子どもの決断は稚拙《ちせつ》で甘く、心配なことも多いはずです。それでも、わが子の決断を受け入れ、たとえ失敗しても、子ども自身が自分の人生の責任をとることを見守らなければなりません。子どもは自分の決断と経験を通して、はじめて親の言葉の正しさや、愛情の深さを理解するのですから。そして、やがて大人になった自分のなかに、親と似た自分を見つけるでしょう。それが親から与えられた「育ち」であり財産なのです。

親を否定することは、自分を否定すること。

自分の子どもを育てるためには、たとえ反面教師であっても、親がしたことを忘れずに、次の世代に生かしていく。それが育てられ、育てることだと思うのです。

おわりに　これからの時代を生きる子どもたちへ

大卒者の就職率が五十余パーセントだった年、七次試験まで突破して、大きな企業に就職を果たした卒業生がいました。幸子ちゃん（仮名）です。

音楽大学から一般企業に就職するのは難しいと昔から言われているので、就職の報告にみんなで驚き、そして喜びました。先輩から「つらい」と脅かされて出かけた研修旅行も「楽院の合宿みたいで楽しかった。毎朝のマラソンはいつも上位で、先生たちのおかげね……」と言って笑う顔には、「子どものころにもっと厳しいことをさせられた」という含みもあったのでしょう。そういえば幼いころ、毎週「先生が怖いから楽院に行きたくない。厳しくしないように言って」と訴えて親御さんに心配をかけたものですが、そのころの面影はもうありません。

彼女が入社二カ月の研修期間中、おもしろい話がありました。「楽院ではみんな先生が本気で怒る前に、『そろそろまずい……』とわかったでしょう？　でも、会社には何をしたら叱られるかがわからなくて、いつも上司の顔色を見ながらビクビクしている人が結構いるの……」。

私の手元に、企業の人材支援をする会社がおこなった新卒応募者の採用適性検査で「ゆとり世代」（二〇〇九～二〇一一年）と、「非ゆとり世代」（二〇〇三～二〇〇五年）のそれぞれをランダムに二千件ずつ抜粋し、その特徴を分析して比較したという結果があります。

それによると、ゆとり世代は、周囲の感情やムードに合わせる能力は長けていても、相手の感情が何によって生まれたか、その理由や原因を推測したり、それがその後どのように変化し、どのような行動を引き起こすなどを推測することが苦手だといいます。

幸子ちゃんの仕事仲間も、怒る側の気持ちや感情の変化を理解できないのかもしれません。とはいえ、幸子ちゃんもまた平成元年生まれの「ゆとり世代」です。では何が違ったのでしょう。私はゆとり教育かどうかよりも、大人になるまでに自分の非力、社会の厳しさ、理不尽さ、不平等を体験する機会がなかった結果ではないかと思っています。

十年以上前のことですが、あるお父さんが楽院の授業を見学され「まるで社会の縮図のようだ」と言われたことがありました。みんなで作りあげる音楽は、ひとりでも無責任な声を出すと台なしになるため、違う声を出した子は配置が下げられ、上手になったら配置が上がることがあるのです。その様子が、失敗すれば失脚し結果を出せば昇進する大人の世界と重なって見えたのでしょう。

親御さんのなかには「子どものうちからこんなシビアな経験はさせなくても……」という人もいます。ですが、子どものころになんの困難もなく耳にやさしい言葉ばかりで育ち、大人になってから厳しい実社会に対応できない若者の苦労を思うと、将来、社会に出ることを前提に子どもを育てることはたいせつなことだと思います。

私たちは、子どもから嫌われることは気になりません。大人になったときに役に立ったといわれることが、教育の目的であり重要だからです。

変わったのは子どもだけではない

ゆとり世代と呼ばれた時代に変わったのは、子どもだけではありません。親御さんも金銭的な負担を増やしてでも効率のよさを求めるようになりました。

その一例として、楽院にも「授業料を余分に払うので個人レッスンにしてほしい」というお母さんが現れたのです。

私のところでは、一人ひとりの能力を高めるために、個人の発声指導とグループレッスンをおこなっています。生徒が十人いれば、ほかの九人の指導を待つ時間が生じます。

そのお母さんはそんな時間を無駄だと感じたのでしょう。個人レッスンであれば、自分のことだけを効率よく済ませ、同じ日に別のお稽古事にも通えると考えたのかもしれません。

ですが、子どものお稽古事は、保護者だけが意欲を燃やしても、本人が向上心をもって取り組まなければうまくいきません。とくに幼児は、楽しく切磋琢磨《せっさたくま》できる環境が必要です。友だちの発声レッスンを観察したり、グループで競いあうことが、楽しく学ぶ秘訣《ひけつ》だったのです。結局、「個人レッスンならほかの子よりも伸びる」というお母さんの思惑ははずれ、あまりいい結果にはなりませんでした。

当時は小学校受験の全盛期で、「洋服のたたみ方」「ケーキの食べ方」などが試験で出題されたものでした。親のしつけや関わり方を見極めていたはずでしたが、これも家庭で教える代わりに、お金を払って受験塾で解決法だけ覚えさせることになりました。

こうして、偏差値の高い大学出身でも常識が通じない若者が次々と社会に輩出される結果になったのかもしれません。

最近は、若者を採用する企業も就職試験にさまざまな工夫をこらしています。

ある会社では、採用予定者を食事に連れていくそうです。いっしょに食事をすればコミュニケーション能力や常識の有無、その人がどのように育てられたかまでわかるからです。

小学校受験から就職試験にいたるまで、日常生活をテストされる若者たちが、いかに家庭で育てられていないかを物語っているのかもしれません。

子どもたちを幸せに育てるために

「なぜ、しつけをするのか」「なぜ、勉強をさせるのか」「なぜ、お稽古事を習わせるのか」「なぜ、子どもの行動を制限するのか」「なぜ、偏差値の高い学校に入れたいのか」「なぜ、安定した職が必要なのか」

親が子どもに押しつけるものはたくさんありますが、その理由を突きつめて考えると、必ず「子どもに幸せになってほしい」という答えに行きつくはずです。

私は、木下式を教えた子どもたちに、有名大学に入学してほしい、音楽家になってほしい、政治家になって世のなかを変えてほしいと思っているわけではありません。

それぞれ自分の考えをもって与えられた責任を果たし、社会に役立つ人間として幸せになってほしいと思っています。

ブータンという国があります。国民総幸福量を重視している国です。この国の人々が幸せなのは満足することを知っていること、そして、家族といっしょに過ごす時間をたいせつにしているからのようです。

私たち日本人は大きなテレビを購入できる経済力があったとしても、家族そろってそれを見る時間がありません。ブータンの人々にとって、これはとても不思議なことのようです。

日本の豊かさは、先人たちが自分たちの時間や家庭を犠牲にして生みだしたものです。

昔はみんなが生きることに必死で、家族と夕食をとったことがない父親も大勢いたものでした。子どもも家族の一員として手伝いをして、今のようにわがままを言ったり、親から手をかけられる余裕もありませんでした。

そのかわり、子どもは社会やよその人から教えを受けたものでした。こうしたことを忘れて、わが子にだけ都合のいい幸せを追求するのは、かえって子どもを幸せから遠ざけるように思えてなりません。

ただし、個々人の価値観によって「幸せ」の概念は異なります。たとえば、経済力こそが幸せにつながると考える親御さんは、自分の子にもそれを説くでしょう。勉強をすることで幸せが手に入った人は、勉強のたいせつさを教えます。自由こそが幸せと思う人は、子どもにもそうあってほしいと願います。家族が仲よくすることで幸せを感じる人には、子どもにも幸せな家庭を築くことを教えるでしょう。他人の役に立つ幸せを知る人は、子どもにも「他人の役に立つ人になれ」と教えます。

そして、音楽がある生活を幸せと感じた父であったから、子どもに音感能力を与えたいと考えたのです。それほど音楽は、父にとってなくてはならないものだったのです。

動物の世界にも私の父のように、音楽を求めるものがいました。ジュウシマツです。ジュウシマツのオスは、父親やまわりのオスを手本にして、いろいろなメロディーをかなでるそうです。なかでも、より複雑なメロディーを組み合わせるオスが、メスから関心を示されるのです。なぜなら、複雑なメロディーが歌えるオスは、子どものころに充分な栄養が与えられたこと、周囲によい手本がいたこと、つまり「育ちがよい」ことがメスにわかるからです。人間なら「育ちがよい」ことは家柄や教養を指すのかもしれませんが、動物の世界では体が健康で強く、巣を作ったり、餌《えさ》を取ったりなど、子孫を末永く繁栄させられる能力があることが絶対条件です。

さて、子孫を残すために歌うジュウシマツのなかで、メスのためにはけっして歌わず、自分だけのときに歌う個体がいるそうです。歌うこと自体に美を求める「ジュウシマツの芸術家」です。このオスにはけっしてメスは集まらないため、自分の子を残すことはできませんが、その存在は重要です。なぜなら、そのオスを手本にして、まわりに難しいメロディーをかなでるオスたちが育ち、そこでよい子孫を残すことができるからです。

自分は音楽を極めることだけに集中して、自分のまわりの仲間を育てるこのジュウシマツが、私には父のように思えてなりません。みずから考案した音感教育によって、ひとりでも多くの子どもを音楽の高みに近づけようとしてきたのですから。

音楽だからこその豊かさ

最近、楽院には、何十年も前に父が育てた卒業生が訪ねてくるようになりました。子どものころは「木下先生が怖かった」「楽院に行くのがいやだった」と言っていた子ほど、「大学に合格した」「有名企業に就職が決まった」「国家試験に合格して医師になった」「結婚して子どもが生まれた」「わが子も楽院で教えてほしい」とやって来るのです。なかには、「立派になって恩返しをしたい」とうれしいことをいう子もいます。

何年も経っているのに子どもたちが顔を出す理由はなんでしょう。

ひとつは、幼いころから真剣に向き合われたことで、社会の厳しさに耐えられるとの感謝からです。もうひとつは木下式によって、ほかの人にはない高度な音楽能力を身につけたことが助けになったと思うことがあるからでしょう。

最近、五十歳後半からバイオリンを習いはじめたと、とても幸せそうに演奏する女性と出合いました。若いころから楽器にあこがれていたものの、音楽を学ぶ環境になかったそうです。もし、彼女が幼児期に木下式と出合っていたら、その才能は間違いなく見出されていたことでしょう。

家庭に音楽の環境がなくても、すべての幼児の音楽能力を引きだしておきたい。これが「幼稚園や保育園ですべての園児に音感教育を」と父が訴えた理由です。園児のなかには、父が「この子に音楽の勉強をさせるように親御さんに伝えなさい」とアドバイスをして、音楽の道に進んだお子さんもいます。

幼稚園や保育園で全員に音感教育をほどこすと、「音楽が得意でない子がかわいそう」という声を耳にしますが、最初は得意でなくても、みんなでいっしょに声を出して歌うことで、心が癒されていくのです。

ある幼稚園にカナちゃん（仮名）という五歳の女の子がいました。カナちゃんは家庭の事情が原因で、大人とはいっさい言葉を交わさず、クラスメートとだけポツリポツリと口をきく女の子でした。それなのに、木下式を学ぶうちに、みんなと歌うようになり、大人とも言葉を交わすようになりました。もし音感教育が希望者のみの課外保育であったら、この子は歌うことも言葉を発することもないまま卒園していったことでしょう。

高校生のアンちゃん（仮名）は二歳から兄弟と通ってきましたが、歌が苦手で、楽院に通うのを嫌っていたお子さんです。ですが、フィギュアスケートを学ぶようになって音楽能力が役に立ったことから、楽院に通わせてくれた親御さんにとても感謝したといいます。とくに、「できないことがあったら、必ずできるようにする楽院の先生方の指導力に感謝している」と、最近よく顔を見せてくれるのです。

木下式は総合的に機能を向上させることから、発達障害をもつ子どもの能力向上にもひと役買っています。

どこの教室に行っても「指示行動ができない」と入学を断られたゆうくん（仮名）は、音感かるたによる訓練で総合的な能力を開花させたひとりです。今では歌や聴音が得意で、木下式仕込みの美しい声で大舞台で独唱したり、曲目紹介をするようになりました。

たとえ、発達障害があっても人は発達するものです。いちばん気の毒なのは「障害があるから」と腫れ物に触るように何も教えず、成長する機会を与えないことではないでしょうか。

さまざまな環境にあるお子さんに教育の成果があらわれるのは、木下式がほかのなんの科目でもなく、音楽の教育だからだと思っています。

音楽には人を癒す力があります。どんな時代になっても音楽が求められるのは、私たちが音楽によってつらいことを乗り越えたり、心が救われると感じるからなのではないでしょうか。

子どもたちの未来のために

企業は人材育成に四苦八苦しているそうですが、私も年々変わっていく若い先生やお母さんに驚かされることが多くあります。

たとえば、二十年前であれば「こんな抑揚で語りかけたら幼児が喜ぶかもしれない」「こんなほめ言葉でやる気を引きだそう」などそれぞれ自分で工夫できたのです。

今はマニュアルどおりに喜怒哀楽もなくおこなうため、まるでロボットの子育てのようです。ですが、だれもそれを指摘することはできません。

彼らもまたわが家であずかった少女と同様、現代の教育の犠牲者なのかもしれないと感じます。

そうした若者たちは本人が知らないあいだに、他人と比較されることも、苦手なことに取り組むことも、反対意見を知ることも、理不尽な思いをすることもなく大人になりました。

「知らないことがあるなら、自分で考えて学べ。社会人になってそんな甘いことを言ってどうする。親や学校のせいではない」。そういう考えもあるでしょう。

しかしもはや、それだけでは片づけられないほど、若者が受けた教育の問題は根深く、それを容認した私たち大人にも責任があるのです。

今からでも手を貸すべきところは貸して、ひとり立ちさせないと、何もできない大人がますます増えてしまいます。

木下式は、未知の事柄は必ず懇切丁寧に教える教育法であり、それは相手が大人であっても同じです。

ただし、幼児と決定的に違うことは、大人は自分から意欲をもって学ばないと、救いの手は永遠には差し伸べられません。

「自分は知らないことが多くて恥ずかしい」。もしそう感じるなら、これからでも遅くはありません。自分を卑下せず、本を読み、多くの人の体験談から学び、さまざまな経験をしてください。

その経験が自分を形成する糧《かて》となり、後輩や子どもを育てるときに役立つはずです。

なんの問題もなく優秀であった人より、たくさん失敗をして、その苦労を後進に伝えられる人のほうが、「真の人育てができる教え上手」になれると私は思っています。

少しでも次の世代をよくするために、失敗は失敗と認めましょう。未来の子どもが少しでも幸せになるために。

幸せな親子関係をきずくために

最近は女性が社会に出て働くために、次々と保育園が増やされています。社会で女性が活躍できることも大事ですし、共働きをしないと経済的に子どもを育てられないなど、いろいろな事情もあることでしょう。

ですが、できることなら、いちばんかわいい〇歳から三歳までの時期に「声を出した」「寝返りをうった」「笑った」「腹ばいをした」などを喜び、愛情あふれる時間を過ごすことが、子育てを幸せな作業にする秘訣《ひけつ》ではないかと感じています。

この時期は親御さんからスキンシップなど動物的な愛情を示される必要があります。とくに一歳半までの子どもの脳は、愛着ホルモン、オキシトシンがもっとも増え、母親との絆が形成されるといいます。

この愛着関係が子どものストレスを抑制し、大人になってから他人と深く関われる素地を作るのです。

どんなに衣食住が整っていても、どんなによい教育を与えられても、どんなによい人に子育てを担当されても、親からの愛情を確信できない子は、素直に物事を吸収することができません。

子どもに問題が起きてから、「もっと、幼いころに深く関わっておけばよかった」と後悔しないためにも、いっしょにいる時間が短いなら短い分だけ、濃厚な親子の時間をたいせつにしてください——。

日本じゅうにある幼稚園や保育園の多くが「認定こども園」に姿を変え、子どものあずかり時間が長くなればなるほど、子どもをもつ親御さんには、家庭教育を忘れないでいただきたいと思うのです。

当たり前の子育てが年々難しくなる環境のなか、子どもたちを健全に育てるために、子育てをするお父さん、お母さんのために本を書きたい――そんな私の願いを聞き入れてくださった早川書房の早川浩社長ご夫妻をはじめ、編集本部長の山口晶氏のご尽力によって、この本を発表することができました。ここに深く御礼申し上げます。

最後に、私に関わったすべての方々の存在なくして、この本を書くことはできませんでした。感謝をこめて。

参考文献

親こそ最良の医師〜あなたの脳障害児になにをしたらよいか〜
　グレン・ドーマン　ドーマン研究所
赤ちゃんはいかに賢いか　脳から見た発達の測り方　能力の伸ばし方
　グレン・ドーマン、ジャネット・ドーマン　ドーマン研究所
赤ちゃんの運動能力をどう優秀にするか―誕生から六歳まで
　グレン・ドーマン、ブルース・ヘイギー、ダグラス・ドーマン　ドーマン研究所
脳教育２．０　澤口俊之　講談社
教育と脳　多重知能を活かす教育心理学　永江誠司　北大路書房
その子育ては科学的に間違っています　國米欣明　三一書房
バカはなおせる　脳を鍛える習慣、悪くする習慣　久保田競　角川ソフィア文庫
言語の脳科学　酒井邦嘉　中公新書
０歳児が言葉を獲得するとき　正高信男　中公新書
言葉の誕生を科学する　小川洋子・岡ノ谷一夫　河出ブックス
〈育てられるもの〉から〈育てる者〉へ　関係発達の視点から　鯨岡峻　ＮＨＫブックス
親がかわれば、子どももかわる　長田百合子　講談社
子どもを壊す親たち　不登校・引きこもりは、病気なんかじゃない！　長田百合子　ワック
ヤンキー最終戦争　義家弘介　産経新聞出版

検証・戦後教育　日本人も知らなかった戦後五十年の原点　高橋史朗　広池学園出版部
親学のすすめ　胎児・乳幼児期の心の教育　親学会編高橋史朗監修　モラロジー研究所
もっと笑顔が見たいから～発達デコボコな子どものための感覚運動アプローチ～　岩永竜一郎　花風社
発達障害は治りますか？　神田橋條治　花風社
国際的日本人が生まれる教室　中原徹　祥伝社
論理的に考える力を引き出す―親子でできるコミュニケーション・スキルのトレーニング　一声社　三森ゆりか
わたしの音感教育　木下達也　早川書房
平尾貴四男　現代日本の作曲家４　音楽の世界社
母という病　岡田尊司　ポプラ社
資料目録第七十九集　尾張国海西郡鯏浦村木下家文書目録　人間文化研究機構国文学研究資料館　アーカイブズ研究系編
わが子に伝える「絶対語感」　頭の良い子に育てる日本語の話し方　外山滋比古　飛鳥新社
誰でもいいから殺したかった！　追い詰められた青少年の心理　碓井真史　ベスト新書
死を通して生を考える教育　子供たちの健やかな未来をめざして　中村博志編著　川島書店
日本語音声学入門　改訂版　斎藤純男　三省堂
ヒトの教育　井口潔　小学館
子を愛せない母　母を拒否する子　ヘネシー・澄子　学習研究社
すべては音楽から生まれる　脳とシューベルト　茂木健一郎　ＰＨＰ新書
男の子を伸ばす母親は、ここが違う！　松永暢史　扶桑社
女の子を伸ばす母親は、ここが違う！　松永暢史　扶桑社

解説　木下音感楽院があって、今日の僕がある

山田和樹（指揮者）

麻奈先生との出会いは、僕の小学生時代にさかのぼる。

出会いといっても、麻奈先生はある日気がつくとそこにいた、という感じだったのだが。僕は木下音感楽院に毎週通っていて、麻奈先生はあるときから自然にそこで先生をしていた。僕たち生徒には特に紹介がなかったと思う。麻奈先生が楽院長の木下達也先生の娘さんであることに気づくのは、少し時間が経ってからだった。

僕が小学校六年生のとき、東京合同音楽祭の独唱児に選ばれたのだが、その練習で麻奈先生がピアノ伴奏をしてくださっていた。曲の途中で、木下先生（楽院では「木下先生」というと達也先生のことになる）がやり直しを命じたときに、事件は起きた。

麻奈先生は間をおかずに曲の冒頭に戻ってピアノを弾きはじめたのだが、それが木下先生の逆《げき》鱗《りん》に触れ、僕の目の前で麻奈先生にゲンコツが飛んだのだった。そのときに僕は、単純に「音を楽しむ」という音楽の世界を越えた「芸術」の世界を垣間みた気がした。

音楽というのは、伝承するための記号として楽譜は存在するものの、基本的に目で見えるものでもないし、手でつかめるものでもない。

とすると、それを人に教えていくということは、並たいていではない苦労が伴う。単に、楽器や声楽を仕込んでうまくするということだけなら、それを実現できる先生はかなりの数いると思う。ただ、音楽の持つ「芸術性」を伝えられる先生というのは、この世に何人いるだろう。

自分にとっての幸せは、木下先生と出会えたことであり、それは木下先生が他の音楽教育の多くの先生と違って、「芸術性」を伝えられる先生であるからだ。

先のゲンコツの件で言えば、曲の冒頭に戻る場合、適切な間をとらなければ音楽が息づかなくなってしまう、ということなのだが、僕は子どもながらに、音楽といい加減に対峙《たいじ》してはならないのだ、芸術はどこまでも果てしなく奥深いものなのだ、という感覚を持つことになった。それと同時にもうひとつのショックは、生徒だけでなく先生にも手を上げる先生がいるということだったが。

学校でも怖い先生はいたが、木下先生は次元が違っていた。単なる恐怖とは違って、尊敬と畏《い》怖《ふ》の念が入り交じる感覚だった。

子どもは敏感なもので、木下先生にしか見えていない世界があることをどこかで察知するのだと思う。そして子どもはそれがなんなのかを探ろうとするのである。そうしているなかで、木下先生の音楽性や芸術性の感覚が、少しずつ子どもに受け継がれていくという流れがあるのだろう。

どの職業でもそうだが、プロフェッショナルとして必要な大事な要素に、「経験」と「カン」があると思う。「経験」があるからこそ「カン」が冴《さ》えるのであり、「カン」が働くからこそよい「経験」を積めるのだろうが、音楽もまさに「経験」と「カン」の世界であると思う。

ではどうやったら素晴らしい「経験」と「カン」を身につけられるかというと、これには答えがないのかもしれないが、ひとつ言えることは、常に自身の感性を磨いておくということだ。

実はここにこそ木下式音感教育法の本懐があると思うのだが、木下式の最大の効能は、音楽を通して子どもの感性を磨くということだろう。三つ子の魂百まで、とはよく言ったものだが、これこそが子どもの教育にとっていちばん必要なことなのではないだろうか。

よく人間の集中力は〇〇分が限界、という話を耳にしたりするが、これに僕は疑問を感じる。特に子どもは、訓練しだいでいかようにも対応できる能力があるはずなのだ。

実際、楽院でも休憩なしで立ちっぱなしの二～三時間の合唱練習などは当たり前だった。音楽は、音に耳を澄ます集中力を必要とされるが、これも訓練しだいなのだ。

今現在、自分はこの集中力に助けられて音楽活動をしている。

実際の音が鳴っている現場だけでなく、スコア（楽譜）を読むときもそうだ。やるときにやるタイプなこともあって、やらないときは本当に怠惰《たいだ》な自分に辟易《へきえき》とするが、それでもやるときは自分でも驚くほどの集中力を発揮するのだ。これも木下式の恩恵と言えると思う。

一方で、子どもに「芸術性」は必要ないのではないか、という意見もあるかもしれない。がしかし、芸術というものが生きる発露であるとするならば、「芸術性」の教育こそが、生きることの教えにそのままつながるのではないだろうか。

音楽にも「芸術性」の宿っているものと、そうでないものの二種類が常に存在している。その見極めがつくかどうか。

そんな見極めをする必要などない、という意見もあるだろう。しかし、子どもが大人へと成長していく過程で、人生の選択を迫られる場がたくさん訪れるわけだが、そのときの判断材料は何かと言えば、子どもながらにも「経験」と「カン」になるのである。そしてその「経験」と「カン」を身につけようとするときに、「芸術性」の教育は非常に大事になると思うのだ。

「芸術性」というのは、何も音楽や美術に限ったことではない。

人が一生懸命生きる「芸術性」というのももちろんあって、ひと昔前の学校の先生などはその精神が多く見られたように思う。純粋であること、本物であること、一生懸命であること——これを示せる大人が少なくなってしまったということなのかもしれない。

時は流れて、自分は今指揮者としての生活を送ることができている。

あるときカルチャーセンターで指揮講座を担当したさいに、生徒として麻奈先生が参加された。自分が教えを受けた先生を今度は自分が教える番という状況はなんとも特別な場だったが、ここにもすてきなエピソードがある。

講座の最終回に生徒さんがひとりひとり指揮をしていって、僕はひと言ふた言コメントしていくのだが、もちろん麻奈先生にも僕なりの感想を申し上げた。後日麻奈先生より御礼のメールをいただいたのだが、僕のコメントをご自身で丁寧に分析されていて、「自分の短所につながる部分の指摘をありがとうございました」とあった。

麻奈先生のこの謙虚な気持ちこそが、いわゆる教育者にもっとも必要とされるものなのではないだろうか。子どもに教える大人の側に奢《おご》りがあってはいけないのだと思う。

今回、麻奈先生が本を出版されることを、一生徒としてたいへんうれしく思っているのだが、この本の内容はそのまま教育書としても使える面が強く、早くも我が家の今後の教育に影響を与える一冊となっている。

木下式で育った自分が、今度は自分の子どもに木下式を教えていく番になった。海外での生活なので、楽院に通わせるわけにもいかない。自分なりに手探りで試行錯誤しながら「経験」と「カン」を頼りにやっていこうと思っている。

この本が一人でも多くの方の手許に届くことを願ってやまない。

折《お》れない子《こ》どもを育《そだ》てる
今の時代にこそ木下式音感教育法

二〇一四年十一月 十 日　印刷
二〇一四年十一月十五日　発行

著　者　木《きの》下《した》麻《ま》奈《な》
発行者　早　川　浩
発行所　株式会社　早川書房

郵便番号　一〇一 - 〇〇四六
東京都千代田区神田多町二ノ二
電話　〇三 - 三二五二 - 三一一一（大代表）
振替　〇〇一六〇 - 三 - 四七七九九
http://www.hayakawa-online.co.jp
定価はカバーに表示してあります

印刷・株式会社亨有堂印刷所　製本・大口製本印刷株式会社
ISBN978-4-15-209499-5 C0037